KB235129

김정일 박사의

# 돈키호테 철학

김정일 박사의 ··· 김정일 지음

# 돈키호테 철학

글로벌 시대의 동·서양과 과학을
넘나드는 입체파 철학강좌

이담 Books

# 들어가는 말

내가 초등학교에 다니던 시절에 한반도에는 이름이 김정일이라는 두 명의 후계자가 존재했었다. 그런데 지금 북쪽의 김정일은 대학도 못 나온 주제에 권좌를 승계하여 한반도를 뒤흔들고 있는데, 이 남쪽의 김정일은 철학박사까지 받고도 아직도 생물학적 명분 하나로 계속 후계자의 위치이다.

이 책의 제목이 돈키호테 철학인 이유는 일반인들이 갖고 있는 돈키호테란 인물에 대한 개념에서 비롯되었다. 돈키호테는 사랑하지 못할 사람을 사랑하고, 견디지 못할 아픔을 견디어 내고, 이기지 못할 적과 싸운다. 사람들이 "일찍 일어나는 새가 더 많은 벌레를 잡는다"고 명언을 이야기하면 그는 마음속으로 속삭일 것이다. "벌레들이여 일찍 일어나지 마라, 일찍 일어나면 빨리 죽는다"라고, 어찌하든 간에 이 세상을 좀 더 좋게 만들어 보려는 돈키호테라는 캐릭터, 그 성향은 발상의 구조 자체가 전환되어 세상을 다른 각도에서 관찰하게 한다. 이러한 돈키호테의 성향과 북쪽 김정일이 갖고 있을지도 모르는 세상을 움직이는 기백을 합하여 대중들에게 인기가 시들어

빠진 철학계에 작은 책 한 권으로 큰 파문을 일으켜 보고자 쓰게 되었다.

　나는 혈통상으로도 철학자이다. 도올 김용옥 선생의 스승인 김충렬 선생이 나의 아버지이다. 5살 때부터 철학적 교육을 받아 온 나는 과학에만 열중하여 물리학과로 대학에 입학하였는데, 3학년 때 결국 운명에 굴복하고 철학과로 이전하게 되었다. 아버지의 주문대로 동·서 철학을 공부하였고 나의 스승이신 김용정 선생님을 만났다. 그분도 역시 운명적으로 나와 학문적 혈통이 비슷하였다. 물리학을 전공한 다음 다시 철학을 전공하여 국내 최초로 동·서 비교철학과 과학철학의 장을 연 분이다. 아버지와 스승님의 훈육으로 나는 동·서 철학과 과학철학을 전공하는 입체적 전공자가 되었다. 나는 더 이상 동·서 비교철학이라는 말을 싫어한다. 지구촌 철학이라는 말을 쓰고 싶은데 조금 어색한 감이 있어서 그냥 철학이라고 부르기로 한다. 현재 세상은 동과 서 그리고 다른 여러 문명과 과학문명이 인터넷처럼 얽혀 있는 세상이 되었다. 그래서 이제는 현실을 떠난 철학은 외면받을 수밖에 없다. 16년 동안 내 스스로 입체강의라 불렀던 나의 강의는 반응이 좋았다. 동·서 5000년 문명의 역사가 내 철학의 활동무대이다. 알고 보면 시공을 초월하여 수많은 사상들이 서로 얽혀 있다.

새로운 아이디어가 떠올라 아버지와 스승님께 말씀드리면 두 분 다 웃으신다. "내가 지금 개그를 하고 있습니까?" 하고 성을 내고는 '개그'란 단어의 원래 의미는 '말하지 말라'라는 점을 말씀드려도 두 분은 그것도 "웃긴다"라고 또 웃으신다.

나이가 들면서 강의 중에 떠올랐던 많은 아이디어들을 글로 남겨야겠다고 마음을 먹게 되었고 그것이 돈키호테 철학이다. 돈키호테의 사고방식은 일반인들의 고정관념에서 벗어나 있는 것들이 많다. 원래 철학이란 것도 일반적 개념의 프레임에서 벗어나야 꽃을 피운다.

철학을 강의하면서 느낀 점은 내가 강의하는 내용이 대부분 수강생들이 갖고 있는 그들의 지식을 재발견시키는 내용이라는 점이다. "아! 이것이 그래서 그랬구나", "아! 그게 바로 그런 뜻이었구나!" 강의 중에 수강생들이 이러한 '동의'의 입장을 보일 때 나는 이해란 자신과의 '동의'와 연관되어 있구나 하고 생각했다. 그들이 갖고 있던 지식이 이해라는 과정을 통하여 지성으로 상승할 때 나는 그들의 미소에서 행복감을 보았다.

우리 몸의 생리적 현상 중에 감동을 받을 때 나오는 지성 호르몬인 다이놀핀이라는 것이 있다. 다이놀핀은 어떤 감성적 자극을 받을 때 분비되는 호르몬이다. 다이놀핀이 분비될 때 우리는 인간만이 느낄 수 있는 행복감을 느끼게 된다. 나는 독자들의 다이놀핀을 목적으로 이 책을 썼다. 나만의 아이디어도 있고, 타인에게 꼭 말해 주고 싶은 기존사상들의 오류들도 있다.

많은 분들이 행복하게 철학을 접하기를 바란다.

2010년 여름
김정일

# 목차

# 제1장
## 생활 속의 신화이야기

지구촌 시대에 살고 있는 우리의 생활 속에는 많은 외국문화가 스며들어 있다. 현대 문화사의 좌표를 알기 위해서 태초의 시작으로 볼 수 있는 동·서양 신화의 주인공 이야기가 우리 생활 속에 어떻게 녹아 있는지, 그리고 그들로부터 비롯된 단어들의 본의미를 우리가 얼마나 알고 있는지 알아보고자 한다.


## 1. 신화와 민족문화


세계의 어느 민족이나 민족 발단의 신화를 가지고 있고,

신화는 전설과 연결되며 전설은 구전역사로 연결되고 문자의 생성 이후부터는 역사로 이어진다. 동양과 서양 모두 민족마다 신화를 가지고 있으나 동양은 구전역사의 정확도가 고고학과 많이 일치하며, 기록문화가 빨리 발달하여 서양보다 역사가 명확히 기록되어 있는 편이다.

이러한 역사의 명확성을 떠나서 동양은 신화가 현실에 큰 영향을 미치는 경우가 드물지만, 서양은 어떠한 특정한 이유에서 비롯된 것인지는 모르겠으나 역사 이전의 신화가 역사와 현실사회에서도 큰 역할을 하고 있다. 일상생활에서 사용하는 많은 단어들이 서양의 경우 신화에서 비롯된 것들이 많다. 이러한 영향이 서구문명이 많이 유입된 동양사회에도 현재까지 깊숙이 생활 속에서 사용되고 있다.

현재 우리가 생활 속에서 사용하는 수많은 서양의 언어들의 많은 부분은 그들의 신화로부터 비롯된 것들인데, 우리는 그 속 내용을 모르고 그 단어들 의미의 껍데기만을 알고 사용하는 경우가 많다. 인문학은 기본적으로 언어를 도구로 사용하는 것이므로, 우리 생활 속에 많이 침투되어 있는 서양의 신화적, 전설적 용어들의 내용을 고찰해 보는 것이 인문학을 공부하는 사람들의 초기화 자세이다. 언어를 통한 공부로 인문학과 철학을 시작하지만 일정 수준에 오르면 우리는 초언어적인 개념의 전문용어들을 접하게 된다. 이때 기본단어들의 원리적 의미를 모르고 일상적 겉개념만으로 논의를 전개하다 보면 이해의 벽에 부딪치고 말게 된다. 그러므로 여기에서는 그 하나의 예로서 그리스·로마 신화 속의 용어들을 살짝 들추어 보면서 그 속 내용을 알아챘을 때 느껴지는 그 색다름을 보여 주고 싶다.

## 동양 신화이야기

한·중·일 삼국은 현실생활에 신화에서 비롯된 내용들이 그 내용을 발휘하는 경우가 드물다. 한국의 신화는 단군조선의 이야기가 있는데, 우리가 모두 알고 있는 웅녀와 마늘이야기뿐이다. 사실 한국의 역사가 기록된 삼국사기나 삼국유사는 중국 사마천의 사기를 기준 삼아 엮어 나아간 흔적이 다분하다. 여기서 단군신화에 관하여서 삼국사기에는 언급된 내용이 없다. 우리가 일상생활에서 접한다고 하는 신화라고 한다면, 선녀와 나무꾼 정도이다. 고구려, 백제, 신라 모두 신화를 가지고 있으나, 그것은 신화일 뿐 역사적으로도 그 후 정치 사회 일반에서 큰 의미가 없었다.

## 2. 그리스 · 로마 신화와 우리의 현실

### 제우스, 주피터 & 헤라

그리스 신화는 신들의 이야기들을 주제로 삼지만, 그 신들의 행태는 그들이 창조해 냈다고 하는 인간의 생활상과 별로 차이점이 없다. 그리스 신화의 등장인물 중 제우스는 아버지 신왕인 크로노스가 자식에게 권력을 빼앗기기 싫어 모든 자식을 죽여 없애는 난세 속에서 살아남은 신들의 제왕이다. 제우스는 그의 형인 바다의 신 포세이돈과 결탁하여 신의 제왕이며 아버지인 크로노스를 몰아내고 신의 제왕에 앉는다. 이는 명백한 쿠데타이다. 그리스 신의 세계에도 정치와 권력 그리고 쿠데타가 있었음을 볼 수 있다. 그리스 신화의 생성 시기는 알 길이 없지만 그리스의 신들은 성향이 상당히 인간적이었던 것 같다. 제우스의 로만 명칭은 쥬피터이다. 태양계의 행성 중 가장 큰 목성의 서양 명칭이 쥬피터인 것도 여기에 따른 것이다. 제우스의 공식 무기는 번개이고 그는 천하의 바람둥이이다. 제우스의 부인 헤라는 질투의 신이라고 불린다. 그녀는 제우스를 따라다니며, 제우스가 바람을 피우는 행각을 방해하고, 제우스의 정부들과 자식들을 죽여 없애는 일을 지속적으로 행하지만, 제우스에 대한 사랑은 끊임이 없었다.

## 포세이돈

바다의 왕이다. 제우스의 형이며, 제우스와 힘을 합쳐서 아버지 크로노스를 물리치지만, 권자에 욕심이 없어 끝까지 바다의 신으로 남아 지낸다. 태양계의 행성 중 그 표면이 액체로 뒤덮인 해왕성은 바다와 비슷하다고 하여 포세이돈이라고 불린다.

## 아폴론, 아테나

아폴론은 제우스의 아들로서 제우스의 권좌를 이어받아, 그리스 신들의 제왕이 된다. 이 점에서 우리는 그리스 신화 속에서도 부계상속의 원리가 있었음을 볼 수 있다. 아폴론의 성격은 무엇인가를 할 때, 철저히 긍정적으로 추진력 있는 면모가 있었기 때문에 이 점을 따서 인간 최초의 달 착륙선의 로켓 이름을 아폴론 11호로 명명한 것으로 보인다. 아폴론은 긍정적 추진력의 상징이다. 아테나는 지혜의 여신이다. 향후 인간이 민족을 구성하고 국가를 이루고 살 때, 아테네인들은 지성을 추구하였기 때문에 그 도시 이름을 아테나의 이름에서 따서 아테네로 지었다. 바로 그리스의 오랜 수도이다.


## 프로메테우스, 판도라상자


프로메테우스 또한 지혜의 신으로 불린다. 프로메테우스는 제우스의 명을 받아 흙으로 자신들의 형상을 닮은 인간을 만들어 낸다. 이 스토리의 주제는 우리 모두가 아는 성서의 창세기와 유사하다. 역사적으로 볼 때, 프로메테우스의 인간창조와 창세기에서 나오는 인간창조가 어느 것이 먼저인지는 알수 없는 바이다. 프로메테우스는 그가 만들어 낸 인간들이 무지해서 고생하는 모습을 보기 힘들어 신들만의 소유인 불을인간에게 가져다주고 농사법을 가르친다. 이에 분노한 제우스는 프로메테우스를 제재하기 위하여 판도라라는 여성을 프로메테우스의 동생을 통하여 소개해 주는데, 그 과정에서 프로메테우스의 동생이 판도라와 사랑에 빠져 버리게 된다.

요부인 판도라의 그 마음속에 무슨 흉한 생각이 들어 있는지 알 수 없어서, 프로메테우스를 혼동시키려고 했던 것이 제우스의 계략이었다. 우리가 현실생활에서 흔히 말하는 '판도라의 상자'라는 말이 이 판도라에서 비롯된 것이다. 그 뚜껑을 열어 보면 무엇이 나올지 모르기 때문에 종잡을 수 없는상황을 우리는 '판도라의 상자'와 같다고 부르게 된 것이다.

영화 아바타에서 아바타들이 사는 숲의 이름이 판도라였다. 영화 속에서 그 숲은 거대한 나무 한 그루의 뿌리로 모든 것이 연결되어 있는데 지구인들은 그 실체를 이해하지 못한다. 이 미스터리적인 의미에서 판도라라고 이름 지어진 듯하다. 영화를 본 관객들 중 과연 이러한 내면적 의미를 이해한 자들이 얼마나 있었을까?

## 헤라클레스

헤라클레스는 제우스의 아들이며, 힘의 상징이다. 그리스의 신세계에서 힘으로 해결해야 되는 문제는 거의 헤라클레스에게 맡겨진다. 그는 인간들을 사랑했었지만 신의 영역에 침범하는 것은 용서하지 않았다. 그리스의 신들 사이에서도 복잡한 정치적 사람들이 많았는데, 그럴 때마다 헤라클레스는 제우스의 명을 받고 힘으로 문제를 해결해 버렸다. 현실 속에서도 '안 되는 일도 되게 하라' 하는 문제해결의 물리적인 해결책의 상징이 헤라클레스다.

## 비너스(아프로디테)

로만 명칭이 아프로디테인 비너스는 미의 신이다. 그리스

앞바다의 섬에서 발견된 비너스의 조각상은 많은 의문을 품게 한다. 우선 비너스가 발견된 위치와 프랑스 루브르박물관으로 이동 상황이 수수께끼로 남는다. 비너스의 석상은 두 팔이 없기 때문에, 그 본래의 모습이 영원한 미스터리로 남는다. 우리가 흔히 말하는 8등신이란 황금비율이 비너스의 석상에서 유래된 것이다. 그 후 수많은 비너스에 관한 고화들은 대부분 그리스 석상보다 비너스의 체구가 조금 풍만하며, 왼팔은 내리고 오른팔은 앞으로 내밀어 그 손바닥 위에 사과가 놓여 있는 것으로 표현되는 경우가 많다. 우리의 태양계에서 가장 아름다운 별이라고 생각하고 샛별이라고 부르는 금성을 서양인들은 비너스라고 부른다.

## 큐피드＋프시케(Psyche)→사랑, 비정상

큐피드는 비너스의 아들로 사랑의 신이다. 활과 화살을 떠올리면 된다. 큐피드는 악동의 기질이 있어서, 이상한 짝을 맺어 주는 특이한 버릇이 있다. 큐피드의 마음을 잡아 보려고, 비너스는 프시케라는 여신을 아내로 맺어 준다. 이로 인하여 큐피드나 프시케라는 이름이 모두 사랑이라는 뜻을 대신한다. 뿐만 아니라, 그 속에는 비정상이라는 뜻도 포함한다. 프시케의 로마 명칭은 싸이케이다. 싸이케란 비정상이라는 뜻으로 발전하였으며, 후에 사이코(정신병자)와 사이칼러지(정신과의학)의 어원이 된다. 우리가 흔히 말하는 사이코의 어원이다.

큐피드의 로마 명칭은 에로스이다. 이 또한 우리 현실생활에서 많이 사용되는 '에로틱'이란 단어의 어원이다. 에로스는 대상이 명확한 사랑을 뜻하며 주는 만큼 받는다는 사랑의 원리를 갖고 있다. 에로스와 반대되는 사랑의 의미로 아가페적 사랑이 있다. 아가페적 사랑은 무조건적인 사랑을 뜻한다. 예를 들어 하나님의 우리에 대한 사랑 또는 엄마의 아기에 대한 사랑이 아가페적 사랑에 속한다. 우리가 일상생활에서 흔히 사용하는 '에로틱'이나 '사이코'라는 단어의 어원이 아이러니컬하게도 큐피드와의 사랑에서 비롯되었다는 사실을 알고서 그 단어들을 사용하는 사람들은 드물 것이다. 그러나 원뜻을 알고 있는 철학자는 그런 단어들을 다루는 자세부터가 다를 수밖에 없다. 그리스 신화에서도 사랑이란 단어에 비정상이라는 뜻이 포함되어 있듯이 중국의 단어 사랑(愛)에도 비정상이란 의미가 포함되어 있다는 사실은 참으로 흥미로운 일이다.

## 디오니소스

  디오니소스는 제우스가 바람을 피워서 임신한 여인을 헤라가 죽여 버리자 그 배 속에서 제우스가 꺼내어 그의 무릎 위에 앉혀서 키운 자식으로 열정의 신이다. 인간들은 디오니소스를 숭배하여 때때로 디오니소스 축제를 열어 마시며 즐기곤 했다. 그리하여 디오니소스는 열정의 신이며, 드링크의 신이다. 디오니소스의 로마 명칭은 '바카스'이다. 우리가 일상 생활에서 쉽게 접하는 드링크제의 이름도 여기서 비롯된 것이다. 디오니소스적이라 하면 열정적, 감성적인 성향을 말하고 이는 이성적이며 추진력 강한 아폴론의 성향과 비교된다.

## 아틀라스

  아틀라스는 타이탄이라는 거인 신족 중 한 명으로 그 일족이 제우스와 싸워 패하자, 천계를 어지럽혔다는 죄로 어깨로 하늘을 떠받치는 벌을 받게 되었다. 체구가 커서 세상이 다 보일 만하므로 우리가 현재 들고 다니는 대부분의 지도책에 아틀라스라는 명칭이 붙어 있다. 세상을 다 내려다볼 수 있는 아틀라스의 성향에서 나온 명칭이다. 그 유명하였던 영화인 '타이타닉'도 그 배가 거대하다는 의미에서 타이타닉이라고 붙여진 것인데, 이는 거인족 타이탄에서 비롯되었다는 점을 알아야 한다.


## 스파르타, 아마존


스파르타는 전설에 나오는 전사족이다. 그에 대한 영화도 많다. 그들은 태어날 때부터 전투를 몸에 익히며, 물러서지 않으며 싸우는 것이 유일한 생존 방법이었지만, 아테네를 이긴 적은 없다. 이 시점에서부터는 그리스 신화와 전설 그리고 역사가 공존한다. 아마존 또한 전설적인 전사족인데, 여성들로만 구성된 족속이다. 후손을 얻기 위하여 이웃 마을의 남자들을 잡아 와 생명을 얻고는 죽어 버린다. 만일 태어난 아이가 남자인 경우 죽이든지 노예로 부린다. 이 여성 전투사들은 나이가 차서 가슴이 나오기 시작하면 오른쪽 가슴을 잘라 버린다. 활쏘기에 불편을 주기 때문이다. 스파르타와 아마존의 전설에서 우리는 두 가지를 알 수 있다. 하나는 그 시대에 부족 간의 혈투가 흔했으며, 그들도 오른손잡이였을 것이라는 추론이 나온다.

이렇게 그리스 신화는 어느 시점부터 전설과 역사와 뒤섞인다. 스파르타와 아마존의 존재는 고증학적 흔적도 많이 있다. 오늘날 우리가 브라질의 아마존 강 유역을 아마존이라고 부르는 이유도 여전사족 아마존과 무관하다고 보기 힘들다. 아마존족의 여왕 펜테실레이아는 트로이전쟁에 참여하여 그리스의 장군인 아킬레스에게 패하여 죽음을 맞이한다.

## 트로이전쟁 B.C. 1300

황금사과를 얻고 싶어 하는 헤라와 비너스의 비위를 맞추기 위해 인간들이 황금사과를 얻으려고 투쟁한 것으로 비롯된 역사적 사건이다. 전쟁은 약 10년간 계속되었으며, 난공불락의 트로이를 점령하려는 정책으로 그리스인들이 선물로 준 것이 트로이 목마인데, 그 속에 그리스 병사들이 숨어 있어서 이를 계기로 트로이가 패배하게 되었다. 그 목마 속에 타고 있었던 지휘대장이 그리스의 아킬레스이다.

## 아킬레스

아킬레스가 신인지 인간인지 구분이 불분명하다. 아킬레스가 갓난아이일 때 그의 어머니가 그의 오른쪽 발목을 잡고, 그를 불멸의 생명수에 담근다. 이로 인해 그는 불멸의 전사가 된다. 그런데 그의 발목은 물에 담기지 않았다. 그리하여 그것만은 그의 최대의 약점인 것이다. 아킬레스는 최후의 전투에서 발등에 화살을 맞고 죽게 된다. 우리가 일상생활에서 쓰는 '아킬레스의 건'이라는 말이 여기서 비롯된 것이다. 아킬레스의 건이란 각 개인이 가지고 있는 최대 약점을 뜻하는 것이다. 아킬레스는 트로이전쟁에 참여한 아마존족의 여족장을 죽인 후, 투구를 벗기고 나서 그 아름다움에 반해 사랑에 빠진다.

## 마라톤 B.C. 490

페르시아가 거대한 군대를 동원하여 그리스의 마라톤 평야를 침공한다. 그리스의 사활이 걸린 이 전쟁에서 고전 끝에 페르시아를 물리친 그리스의 장군은 달리기를 제일 잘하는 병사를 뽑아 이 승전 소식을 쉬지 말고 달려 올림푸스 언덕의 지도자들에게 알릴 것을 명한다. 병사는 임무를 완수하고 숨이 가빠서 죽고 만다. 이 사건을 기념하기 위하여 마라톤 경기를 올림푸스 언덕에서 열게 되었고, 이것이 현재에도 우리가 4년마다 개최하는 올림픽 경기와 마라톤 경기가 된 것이다.

위에서 소개된 몇 개의 서구 신화에서 비롯된 단어들은 우리가 일상생활에서 흔히 쓰는 단어들이다. 신화에서 소개된 외국어 말고도 우리의 일상에는 많은 외래어들이 사용되고 있다. 거의 대부분 단어의 속뜻은 모르고 일반인들이 이해의 차원에서 단어들의 껍데기 의미만으로 통용되고 있다. 그 좋은 예로 '다이어트(diet)'란 말이 있다. 우리가 현재 일상생활에서 빈번히 쓰는 외국어이다. 사람들은 거의 다 다이어트 하면 '살빼기'라는 의미로 사용하고 또 그 뜻이 살빼기인 줄로 인식하고 있다. 하지만 '다이어트＝살빼기' 형식의 의미사용은 대표적인 콩글리쉬의 예이다. 다이어트란 단어의 껍데기 의미에도 살빼기란 의미는 없고 이는 원뜻에서 오류적으로 유추되어 나온 의미의 일부분일 뿐이다. 다이어트란 단어의 원뜻은 '먹다', '소화시키다' 또는 의학용어로 '식이요법'이란 뜻이다. 굳이 살빼기란 의미와 연결시키려면 '음식조절로 살 빼다'쯤 될 것이다. 이 예를 볼 때 우리가 일상적으로 의외로 많은 외국어를 아무 의심 없이 원뜻과 상이한 의미로 사용하고 있다는 점을 인식하여야 한다. 이러한 단어 의미의 오용이 외국어에만 있는 것이 아니다. 우리의 단어 그리고 중국에서 유래된 단어들 중 수많은 단어들이 껍데기 의미나 다른 뜻으로 오용되고 있음을 알아야 한다. 철학을 공부하는 기본자세는 단어의 연구에서 시작된다. 어떤 단어의 속뜻을 알고 대화할 때, 철학도는 조금 다른 느낌을 홀로 느낀다. 우리는 일반인들과는 다르다. 스스로 대중적 개념들로부터 튀어나오는 것이 철학공부의 초기화이다.

# 제2장
## 동·서 문화의 태동: 공자 vs 소크라테스

　지구상의 동·서 문화는 사유방식의 시발점에 있어서 직관 vs 이성으로 큰 거리를 보이나 19세기 말에 들어와 서로 융화하며 배워 가는 입장이 되었다. 현재 동·서양 최선의 선택은 공자의 유가적 원리이다.


## 1. 사유방식의 시발점에서의 상이성


### 직관 vs 이성


직관은 동양철학의 사유방식이고, 이성은 서양철학의 사유방식이다. 이성이 한 단계, 한 단계를 거쳐서 결론에 도달하는 계단식 방식이라면, 직관은 통찰력으로 한번에 알아보는 사유방식이다. 흔히 말하기를 동양철학은 고난의 학문이고 서양철학은 귀족학문이라 말한다. 그 이유는 동양은 벼농사 위주여서 논과 물 관리로 인하여 삶이 모질었고, 서양은 밀·보리 등 농사가 수월하여 아테네처럼 도시에 모인 귀족들이 철학을 논의하였기 때문이다.

## 인성론 vs 진리(불변의 정답)

동·서양은 학문의 시초에 큰 차이가 있다. 서양의 학문은 진리를 추구하는 데 있었는데, 우리가 일상에서도 많이 사용하는 진리란 용어는 영속적(불변)이며 객관적인 것을 의미한다. 동양의 직관으로 얻어 낸 주관적 관념론은 서양에서 볼 때 진리라고 볼 수 없다. 동양의 학문은 인간의 본성, 즉 선과 악을 탐구하는 데 중점을 두었다. 서양은 '철학' 즉 지혜에 대한 사랑(philo + sophy)이라는 의미로 학문이 발전했고 사실상 동양에는 서양의 '철학'이란 단어에 대응시킬 마땅한 단어가 없었다. 그래서 1900년대 초 일본학자가 만들어 낸 단어가 바로 철학(哲學)이란 단어이다. 그렇지만 지금으로부터 20년 전까지만 해도 서양학자들은 동양학을 동양철학이라고 부르는 것에 반대하였었다. 사실 동양학은 인간의 선과 악의 본성을 기본으로 사회의 질서 유지를 위한 윤리학 위주로 발전해 왔기 때문에 서양의 철학과는 다른 장르의 학문이라는 것이 그들의 주장이었다. 서양철학자들의 주장에도 명분은 있으나 동양학도 결국 우주론, 생명론, 인식론 및 형이상학을 연구하는 성격은 서양철학과 다를 점이 없으므로 지금 와서는 동양학, 동양철학 둘 다가 더 이상 논쟁 없이 사용되고 있는 실정이다.

## 역경(변화)

'역경'은 일반적으로 '주역'이라는 책으로 알려져 있는 사상인데, 그 우주관은 우주가 지속적으로 변화하고 있다고 믿는 것이다. 그래서 서양인들이 역경을 'The Book of Change'라고 부른다. 역경은 세상에 대한 정답을 추구하는 것이 아니라 변화의 흐름에 맞추어서 조화롭게 살아갈 수 있는 방법을 모색하는 우주론이다. 역경이 제시하는 우주관은 중국철학의 유가와 도가가 모두 기본으로 삼고 있는 우주관이며, 자연의 모든 현상을 음·양론적으로 해석하는 지침이 되는 중국사상의 기본이다. 주역이란 책이 어떻게 만들어졌는지에 대하여 아래에서 논의할 것이다.

## 2. 서양철학의 시발점

### 아르케(arche): 원소, 원리

서양에서는 이 우주가 동양적 사상과는 달리 고정적으로 구성되어 있다고 생각했으며, 그것에 대한 교과서적 정답을 추구하려고 하였다. 그래서 서양의 학문은 원소와 원리를 찾아내는 데 주력하게 되었으며, 수많은 서양철학자들은 아르케(arche)에 대하여 탐구하였다.

철학의 아버지로 불리는 그리스철학자 탈레스는 "물은 만물의 근원이다"고 하였다. 바로 물을 아르케(arche)라고 주장했다.

밀레토스학파의 철학자인 아낙시메네스는 만물의 생성 및 변화의 근원을 공기라고 생각했다. 아무것도 없는 상황은 공기가 희박한 상태이고 물체가 존재한다면 그 물체는 공기의 응집된 상황이라는 것이다.

아낙사고라스는 만물의 근본을 찾는 것이 아르케인데, "만물이 아르케다"라고 학풍에 거슬리는 말을 하여 아테네에서 추방되게 된다.

헤라클레이토스는 아르케가 불이라 하여 그리스철학자 중 유일하게 우주의 변화를 인정하게 되었다. 불은 변하는 것이다. 헤라클레이토스의 유명한 말이 "사람은 한 강물에 두 번 발을 담글 수 없다"이다. 강물은 변하고 있기 때문인 것이다. 그런데 우리는 위 언명이 이치상 오류임을 알아차려야 한다. 세상이 변한다면 "사람은 한 강물에 한 번도 발을 담글 수 없다"라고 말해야 옳다. 변하는 세상에는 '한 강물'이라는 개념이 있을 수 없기 때문이다.

피타고라스는 숫자가 만물의 원리로 작용하므로 숫자로 모든 만물의 현상을 해석하려 하였다. 모든 숫자는 '1'로 이루어져 있다. 1 외의 모든 수는 1과의 비례로 이루어진다. "1의 두 배는 2, 1의 세배는 3……" 숫자는 하나의 존재를 대표하는 기본적 아르케인 1과의 비례관계이다. 피타고라스는 음악에서 음정들 사이의 비례관계에서 숫자의 개념을 착안하였다. 초기에는 숫자처럼 확실한 아르케가 없으므로 많은 제자들이 학파를 이루었으나 얼마 안 가서 피타고라스학파는 종교적 집단으로 몰락하게 된다. 그 시대는 숫자로 해볼 일이 별로 없었기 때문이다.

데모클레이토스는 아르케가 원자(atom)라고 하였다. 만물은 다양하지만 그 원소는 한정된 숫자의 원자로 결합되어 있다고 생각했다. 데모클레이토스는 미시물리학의 원조라고 불린다.

## 소크라테스: 서양철학의 시조→플라톤 이데아(idea)

소크라테스가 서양철학의 시조라고 불리는 것은 그의 제자 플라톤이 있었기 때문이다. 소크라테스는 책 한 권도 남긴 것이 없고 그의 언행은 플라톤에 의해서 기록되었기 때문에 어디서부터 어디까지가 소크라테스의 말이며, 어느 부분이 플라톤의 해석인지는 구분하기 어렵다.

소크라테스가 남긴 언명은 단지 두 가지가 있다. 하나가 "너 자신을 알라"이다. 이 언명의 의미는 '너 자신의 무지함을 알아야 한다. 그것이야말로 배움의 초기화 단계이다'라는 것이다. 두 번째는 "악법도 법이다"라는 언명이다.

소크라테스는 책을 저술하지 않았고, 많은 언명을 하지도 않으며 항상 사람들과 대화를 나누면서 질문만 하였다. 그 질문을 대답하는 과정에서 대화자는 자신의 무지를 깨닫게 된다. 이것을 지적 산파술이라고 부른다. 결국 소크라테스는 많은 사람들한테 무지를 인식해 주는 과정에서 미움을 사게 되고, 아테네의 젊은 영혼들을 망친다는 죄목으로 사형에 처해지게 되었다.

그런데 소크라테스의 제자인 플라톤의 생각으로 알려져 있는 이데아(idea)가 아르케를 대신하여 근본 원리를 추구하는 서양철학체계의 기초가 되었다. 또한 플라톤은 "선은 지혜에서 오고, 악은 무지에서 나온다"고 말하였다. 이 말은 우리가 요즘 사용하는 "무식한 것이 죄다"라는 말과 일맥상통한다.

## 아리스토텔레스: idea와 질료→경험론

아리스토텔레스는 경험론의 아버지로 불린다. 그는 모든 지식은 경험에서 시작된다고 생각했다. 그는 철저한 성 차별주의자였으며, 인종 차별주의자였다. 오직 아테네의 남자시민만이 영혼이 있고 여자·어린이·노예는 영혼이 없으므로 철학을 할 수 없다고 주장하였다. 그는 아카데미라는 학술기관을 처음으로 만들어 철학을 가르쳤으며, 알렉산더 대왕의 스승이기도 하다.

플라톤이 이데아에 무게를 둔 반면 아리스토텔레스는 이데아와 질료가 둘 다 중요하여 둘이 합쳐져야 물질을 생성한다고 생각했다. 이것은 동양의 송나라 이후에 나오는 이·기론과도 의미적 관계를 갖는다. 아리스토텔레스가 제창한 논리적 논증방법이 그 유명한 3단 논법이다. 먼저 논리적으로 합당한 대전제를 제시하고 그것과 비교할 소전제를 제시한 후에 대전제와 소전제의 관계 속에서 유출되는 논리적으로 필연적인 결론을 유도해 내는 방법이다.

대전제: 모든 사람은 죽는다.

소전제: 소크라테스는 사람이다.

- - - - - - - - - - - - - - - - - - - - - - - - - - - - - -

결론: 소크라테스는 죽는다.

아리스토텔레스 이후 그리스철학은 소피스트들의 궤변들만 많이 논의되면서 쇠퇴되어 간다. 4세기 초 콘스탄티노스가 로마를 통일하고 콘스탄티노폴리스(현재 터키의 이스탄불)를 수도로 정한 뒤에 막강해진 군사력으로 로마제국은 유럽을 천 년 이상 지배한다. 로마제국의 정치적 사상적 구심점은 로마교회였다. 그 시대에 철학은 로마교회의 대변자 역할을 하여 간다. 심지어 13세기의 토마스 아퀴나스는 "철학은 신학의 시녀이다"라고까지 말했다. 이러한 이유로 현대 철학자들은 16세기에 시작된 종교개혁까지의 천 년을 '서양철학의 암흑기'라고 표현한다.

## 3. 동양철학의 시발점

### 공자(Confucius): 유교(Confucianism)

공자는 춘추시대 노나라에서 태어난 학자이다. 기록상 소크라테스보다 51살 위이고, 73세까지 살았으므로 동시대인이었다. 공자의 높임말로 쓰이는 공부자를 발음하여 서양이름이 Confucius라고 만들어졌고, 그가 시조가 되는 유교라는 학문을 서양에서는 Confucianism, 즉 공자학이라고 명명했다. 일반적으로 말하길 유교는 피상적으로 '인(仁)'을 추구하는 학문이라고 하는데, 400년 뒤에 한나라에서 정치철학의 기본으로 받아들였으며, 그 유가의 전통은 현재까지 2500년간 이상 살아 있다.

동·서양은 그 시발점이 상이한 희랍철학과 유가는 1900년도 초에 이르러 서양인들의 주목을 받고 결국 공자의 원리가 우리 인류가 갖고 있는 최상의 원리라고 인정되었다. 그리하여 서양인들은 공자를 '우리 인류의 스승(The teacher of our civilization)'이라고 이름 붙였다.

공자가 주창한 유가의 근본 개념은 효(孝)와 서(恕), 그리고 가족이라는 개념이다. 효는 부모와 자식 간의 종적인 개념이고 서는 형제 그리고 그 외의 타인들과 횡적 개념이다. 효와 서가 만나서 즉, 종적·횡적 개념이 결합하여 공간적 구도를 성립한다.

효(孝)를 분석해 보면 노(老)와 자(子)를 결합하여 이루어져 있는데, 이는 기초적으로 동물적인 원리에서 나온 개념이다. 동물도 부모가 희생하여 자식을 돌보는데, 동물의 경우 자식이 부모를 돌보지는 않는다. 자식이 부모를 받드는 효의 개념은 인간에게만 있는 것으로서 공자가 인간과 동물을 구별하는 원칙으로 보았다.

일반인들은 효(孝)라는 문자의 모양을 어린 아들이 어른을 업고 있는 형태라고 해석하여 효라는 개념을 창출해 낸다.

그러나 공자가 주장한 효의 개념은 발상의 구조가 거꾸로 되어 있다. 어린 아들이 어른을 업고 있는 것이 아니라, 어른이 어린 자식을 품고 있는 형태가 바로 효의 개념이다. 그리고 어른이 품은 아들은 결국 어버이를 업게 되므로 공자의 효 개념은 어른이 안고 있는 형국과 자식이 업고 있는 형국이 교합된 형태이다.

그러므로 진정한 효의 개념은 3대에 걸쳐서 이루어진다. 즉 부모가 자식을 키우고, 그 자식이 또 자식을 나아서 키울 때 비로소 부모의 은덕을 진정으로 이해하게 되어서 효가 발생한다는 것이다. 또한 효는 부모 자식 간의 관계를 기본으로 '생명 영속 원리'라는 개념까지도 품는다. 서양에서는 원래 효라는 단어가 없어서 나중에 '부모에 대한 공경(filial piety)'이라는 단어로 만들어졌는데, 이것은 공자의 효 개념 일부분에 지나지 않는다.

공자는 부모가 자식을 키울 때 최초 3년을 진자리 마른자리 갈아 누이며 헌신을 다해서 키웠으므로, 자식도 부모가 돌아가시면 3년 동안은 부모에 대한 경건한 마음을 가지고 살라고 하였다. 이 가르침이 그릇되게 전달되어 동양에서는 힘들고 고달픈 삼년상을 치르는 원인이 되기도 하였다. 그러나 공자의 뜻은 3년 동안 고행하라는 것이 아니고, 부모를 기리는 정신적 자세를 가르치신 것이다.

'서(恕)'의 소극적 개념은 내가 당하고 싶지 않은 일을 남에게 하지 않는다는 것이고, 서의 적극적 개념은 내가 당하고 싶은 일을 남에게 해 준다는 것이다. 효는 종적인 개념이고 서는 횡적인 개념이므로 이 둘이 합쳐져서 공간생명의 확충의 원리를 이루어 내어 사회적 윤리의 근본원리가 된다.

이러한 효와 서의 개념으로 이루어진 가정의 윤리는 가정이 사회의 최소단위라고 볼 때 가정에서부터 사회를 구축하는 윤리적 개념이 발생한다는 것이다. 사실 사회생활에서 필요로 하는 모든 윤리적 기본원리는 가정에서 교육받는다. 그러므로 가정은 최소의 교육단위이다. 이러한 이유에서 공자는 가족주의를 주창하였고, 그것이 정치윤리의 기본으로 삼아지면서 중국 고대국가 한나라 때부터 막대한 인구 증가를 가져오게 되는 원인이 되었다.

위에서 언급한 '역경'이라는 사상도 공자에 의하여 그 내용을 체계적으로 해석한 '십익'의 성립으로 경전으로서 지위를 확립하여 '주역'이라는 책으로 거듭나게 되었다. 역경은 이전에 은나라의 복희씨라는 전설의 제왕이 8괘를 만들어 국가의 대소사가 있을 때마다 역경점을 쳐서 참고하였다는데 이러한 전례는 공자 이후에도 계속된다. 주역이란 주나라의 역경이라는 인데, 그것을 공자가 집대성했으며 공자가 노나라 사람이므로 '노역'이라고 불려야 하겠지만, 주나라가 당시 중국 중원에서 제일 큰 나라여서 주역으로 불리게 되었다. 주역은 중국철학의 기본 우주론으로서 이후 모든 중국

학문의 기본원리가 된다. 여기서 중요한 것은 은나라의 8괘를 만든 복희씨도 동이족이었고, 주역을 집대성한 공자도 스스로 자신이 동이족이라고 주장했다(예기). 동이족이란 동쪽 오랑캐라는 뜻인데 만주와 한반도에 거주하던 몽골리아인 즉, 우리의 조상을 의미한다. 유가란 2500년 동안 중국의 정치적 학문적 윤리적 구심점을 지켜 온 사상이다. 역사상 유가에 대한 수없이 많은 핍박들이 있었으나 지금까지도 중국학의 기본원리이고 유럽 전체만 한 크기의 중국을 하나의 왕국으로 지탱할 수 있도록 구동력을 발휘해 온 중국민족문화의 근간이다. 중국학의 가장 공통적 기본인 문자 갑골문이 은나라 시대 때(은허유적에서 발견됨) 우리 조상인 동이족에 의하여 만들어졌고, 중국학의 주축사상인 유가도 우리의 조상이 시작했다는 점은 중요한 의미를 갖는다. 중국문화의 구축점인 유가가 공자 즉 동이족에 의한 결과였다는 역사적 사실은 한국과 중국에 대하여 현대 일반인들이 갖고 있던 개념에 큰 파문을 줄 것이라고 생각된다.

## The teacher of our civilization

가족 중심제의 유교는 2500년이 지난 지금에도 한 · 중 · 일 동양 삼국에서 가족, 사회, 정치 윤리의 근간으로 살아남아 있다. 우리가 매년 겪는 민족의 대이동이라는 현상은 유가 정신이 살아 있음을 보여 주는 증거이다.

법치주의를 기본으로 하는 서양인들의 문명이 19세기 초부터 동양을 능가하여 제국주의적인 방식으로 세계를 지배하게 되었음에도 불구하고, 그들은 법치주의적 사회윤리 확립이 갖고 있는 한계점들, 핵가족, 이기주의, 노인문제 등을 겪으면서 동양의 살아 있는 유가의 힘을 보고 느끼게 되었다. 유가가 바로 인류문명이 지켜 가야 할 최선의 사상이라는 것이다. 그래서 서양인들이 공자를 인류의 스승이라고 부르게 되었다. 20세기에 서양의 사상가인 토인비는 "21세기는 동양문명의 시대가 될 것이다"고 예언하였다. 여기에 대하여 한국의 석학 중천 김충렬 선생은 현재까지의 문명사와 지성사를 돌이켜 볼 때 토인비의 말이 맞을 것이라고 동의하였다. 그러나 김충렬 선생은 "그런데 그 문명의 주역은 누가 될 것인가?"라는 의문점을 남기며, "동양의 시대가 온다고 해서 꼭 동양인이 주역이 되라는 법은 없다"라고 의미심장한 언명을 남겼다.

# 제3장
## 맹자와
## 미 대륙 발견

미 대륙의 발견이란 인류 문명사 중 아주 중대한 사건이다. 그런데 사실을 알고 보면 15세기 말 유럽인들의 생활상 속에서 후추의 중요성 때문에 기인된 것이었고, 후추는 실크로드 교역의 산물이었는데, 실크로드가 만들어진 근원이 맹자였다는 사실을 알고리즘적으로 연결해 본다.


## 1. 맹자의 성선설

### 맹자의 성선설, 순자의 성악설

맹자의 성선설은 사람은 태어날 때부터 본성이 선하다는

것이다. 순자의 성악설은 사람은 태어날 때부터 본성이 악하다는 것이다. 맹자 이전까지는 성악설이 더 유력하게 일반인들에게 받아들여져 왔다. 그러나 이러한 이분법적 정의는 실제로 철학 공부에 입문하게 되면 원래 개념과는 상이한 차이점이 있다는 것을 알게 된다.

## 맹자와 순자의 동일점

맹자와 순자가 가지고 있는 인간의 본성에 대한 개념은 대동소이하다. 맹자도 인간의 본성이 물욕에 의하여 대부분 악하며, 그 나머지 아주 작은 부분만이 착한 본성이 있다고 하였다. 순자도 본성의 대부분은 악하며, 작은 부분만이 착한 본성을 갖고 있다고 믿었다. 여기서 볼 때 맹자와 순자의 인성론에는 큰 차이가 없다.

## 방법론의 차이점→유가, 법가

그런데 본성의 많은 악을 없애고 선을 어떻게 키워 내는가에 대하여 맹자와 순자는 상반된 방법론을 주장하였다. 즉 맹자의 방법론은 작지만 착한 마음의 심성을 밖으로부터 유인하여 더 크게 자라도록 환경적인 즉 교육적인 방법을 주장하였다. 그러면 나머지 악한 부분도 착한 부분으로 변해 갈 수 있다는 것이다. 이에 반해 순자는 인간 본성 속의 대부분의 악을 외부적 제재나 형벌로 잘라 내어 그것에 새로운 선한 심성을 자라도록 한다는 방법론을 제시한다. 선하다는 뜻의 '인(仁)'은 중국어에서는 '씨앗'이라는 뜻을 가지고 있는데, 맹자나 순자나 모두 사람 본성의 착한 본성인 그 씨앗을 키우는 것이 목적이었다. 단지 맹자는 선한 본성의 씨앗에 거름을 주어 키우고, 순자는 악한 본성을 잘라 내서 선한 본성의 씨앗이 자라게 한다는 것이다.

후대 사람들은 이를 단순히 성선설과 성악설이라는 이분법적 개념어로 묶어서 천성적으로 악한가, 선한가만을 따지게 되었는데, 그것은 맹자와 순자의 진의가 아니었다. 맹자의 교육방법은 유가적인 교육방법으로 발전되었고, 순자의 방법론은 법가적 방법론으로 발전되었다. 중국 역사 전체를 볼 때 유가적 방법론이 더욱 지배적이었다.

맹자 이후에 진나라는 성악설을 기초로 한 법치주의를 채택하였고, 중국 최초로 진나라라는 통일국가를 이루게 되는데, 진나라는 모든 것을 법치적으로 다스린 나라였으나 그 나라는 16년밖에 가지 못하고 망하게 된다. 따라서 사람들은 법가가 정답이 아니고, 유가가 더욱 기본적이라고 생각하게 되었다.

## 2. 맹자의 생활철학

### 맹자의 정전제 井, 뽕나무 재배

서양인들은 맹자를 공자 다음으로 '제2의 스승'이라고 부르는데, 공자와 마찬가지로 세상을 유랑하며 살았다. 맹자는 이상주의자이며 동시에 실용주의자였다. 현실정치에 보다 더 관심이 많아 중국에서는 실학사상의 아버지라 불린다. 많은 사람들은 맹자를 논하면 우선 '맹모삼천지교'를 떠올린다. 맹자의 모친은 생활 주변의 환경이 아이의 교육에 미치는 영향을 인식하고 좋은 환경을 찾아 계속 이사를 하여 결국 서당주변으로 이사하게 된다는 이야기이다. 주변 환경에 대한 이러한 맹자모의 고려는 맹자의 인성론과 교육철학에 그대로 녹아들어 있어서, 맹자도 인성의 성립과정에 있어서 환경의 중요성을 주장하게된 것이다. 그런데 이를 한석봉의 어머니와 비교하여 본다면 상대적으로 맹자모는 교육방법이 떨어진다고 추론해 볼 수 있다. 조선시대의 명필로 잘 알려져 있는 한석봉의 어머니는 이사도 다니지도 않았고, 특별한 교육방법을 쓴 것도 아니다. 그저 '똑, 똑, 똑······' 떡만 썰면서도 한석봉을 훌륭한 명필가로 만들어내지 않았는가 말이다. 맹자의 정치사상을 잘 보여 주는 한 마디의 명언은

'제후의 3보배'이다. 군주가 명분을 지키려면 첫째가 영토이며 둘째가 백성, 셋째가 정사이다. 이 중 군주가 백성의 마음을 얻지 못하면 그는 군주의 자격이 없으므로 죽어 마땅하다고 주장했다. 군주 시대에 이런 말을 할 수 있었던 것은 군주도 그만큼 너그럽고 포용력이 있는 군주였을 것이고, 제자백가 중에서 유가를 살려 내려는 맹자의 언행이 강건하였기 때문이라고 알려져 있다. 맹자를 현대 용어 한마디로 표현한다면 중국 최초의 민주주의자였다. 또한 생활경제에 관심이 많았던 맹자는 토지제도를 주장하였는데, 우물 정(井)자 모양으로 9등분하여 8호의 농가가 각각 한 구역씩 경작하고, 가운데 있는 한 구역은 8호가 공동으로 경작하여 그 수확물을 국가에 조세로 바치는 제도였다.

여기서 맹자는 각 토지의 경계를 확실히 하기 위하여 뽕나무 재배를 권장하였다. 비록 맹자가 정책을 수립하는 관리는 아니었으나 세상을 두루 다니며 얻은 경륜과 지혜가 중국 중원에서 잘 받아들여졌던 것으로 보인다. 정전제가 얼마 동안 운영되어 왔는지는 확실하지 않으나, 뽕나무는 그때부터 다량 재배되어 잠업이 발전하게 되었다. 잠업이 발전하게 되니 그 생산물로 실크산업에 시동이 걸려 상품이 나왔고, 그 이전부터 서방과 교통통로로 이용되어 왔던 교역로에 새롭게 개발된 실크라는 제품이 대량 유통되면서 실크로드라고 명명되었다. 이 실크로드를 통해 수많은 문물이 유통되게 되었다. 길은 있으되 유통될 상품이 없으면 그 대장정의 교역이 이루어질 수 없으니, 실크라는 상품은 분명 실크로드의 단초가 된다. 실크로드를 통한 교역으로 동양과 서양은 문화의 왕래를 활발히 이루어 갔다.


## 3. 콜럼버스의 미 대륙 발견


### 유럽사회에서 후추(Pepper)의 중요성

15세기 유럽은 중국으로부터 많은 문물을 받아 왔다. 그 예를 들자면 도자기, 나침판, 차, 화약 스파게티 등 무수히 많은 물품과 문화가 중국에서 서양으로 건너갔다. 그중 우리가 빼먹을 수 없는 것 하나가 향료였는데 그 으뜸이 후추였다. 중국의 비단장수들이 인도를 지나면서 인도에서 후추를 사서 유럽에 판매하는 후추 유통도 함께 하게 되었다. 유럽에서 그 시대에 냉장고가 없이 육식을 할 때이므로, 후추를 가미하게 되면 육류의 냄새도 제거하게 되고, 맛도 향상되어 후추를 선호하게 되었다. 후추의 값어치는 그 무게로 따져 볼 때 금보다도 비싼 것이 되었고, 부를 획득할 수 있는 상징이 되었다. 인류 역사상 상업을 통하여 얻는 이윤이 후추

보다 더한 것이 없을 정도로 후추의 유통과정에서 생기는 이득이 컸다.


## 향료전쟁

그래서 유럽인들도 후추에 대한 상권을 획득하고 거래를 트기 위해서 향료전쟁이라는 각축전을 벌이기도 했다. 후추는 열대 지방에서만 자라나는 식물이기 때문에 실크로드를 통해서 들어오거나 아니면 아프리카를 한 바퀴 휘감아 항해하여 인도에서 가져오는 방법밖에 없었는데, 그 비용과 노고가 터무니없을 정도로 컸다.


## 콜럼버스의 미 대륙 발견

이때 콜럼버스는 인도로 갈 수 있는 새로운 항로를 개척하여 인도로부터 손쉽게 후추를 가져올 수 있다는 주장을 하였다. 유럽의 각 국왕들은 이 말에 귀 기울이지 않았으나, 콜럼버스는 에스파냐 국왕에게 "인도를 향한 단축 항로가 발견되기만 하면 국왕은 막대한 부를 차지할 수 있다"고 강조하였고, 국왕은 콜럼버스에게 기대를 걸고 항해를 허락하게 되었다. 그러나 실제로 콜럼버스가 단거리 항해로 도착한 것은 인도가 아니라 미국이라는 대륙이었다. 그 당시 누구도 그것이 신대륙이라는 것을 알지 못했다. 콜럼버스는 자신이 발견한 신대륙을 죽을 때까지도 인도로 믿었고, 미국 원주민을 인디안이라고 부르는 이유도 여기에서 나오는 것이다.

## 고추, 담배, 감자, 고구마

그런데 콜럼버스의 문제는 신대륙 어디에서도 후추를 찾을 수가 없었던 것이다. 그러던 중 부하 하나가 야생 고추를 가지고 와서 이 정도면 후추를 대신할 수 있다고 제안을 하였다. 그리하여 빈손으로 돌아갈 수 없는 콜럼버스는 고추와 담배, 감자, 고구마 등을 가지고 에스파냐로 돌아가게 되었다.

콜럼버스가 미국을 발견한 것이 1492년이었는데, 우리나라에 고추가 들어온 것은 100여 년 뒤 임진왜란 때 일본인들이 고추로 최루탄을 만들어 전쟁에서 사용하면서 우리나라에 들어왔다. 콜럼버스 사후 미국이 인도가 아니고 신대륙이라는 것을 알게 된 유럽인들은 그 대륙을 America(기적)라고 부르기 시작했고, 이 신대륙의 발견은 유럽문명사의 큰 전환점을 만들어 낸다.

아이러니컬하게도 이것이 미 신대륙을 발견하게 된 경로이다. 이 경로를 역알고리즘적으로 추적해 보면, 신대륙 발견→중국과 유럽의 향료교역→또 그것을 가능하게 한 실크로드교역, 결국 실크로드의 교역이 사건의 발단이다. 그런데 그 사건의 처음에는 실크라는 교역상품을 만들어 낼 수 있도록 맹자가 뽕나무를 심게 한 것이 인류의 역사적 거대사건인 미 대륙 발견의 결과를 가져오게 한 시발점으로 자리잡고 있다.

15세기에 벌어진 역사적 사건인 '미 대륙 발견'이 전혀 관련 없어 보이는 B.C. 300여 년에 맹자의 '뽕나무 심기'와 1800년간이라는 시·공간적 거리를 뛰어넘어 서로 인과적으로 얽히어 사건을 이루어 냈던 것이다. 철학을 하는 자들은 앞으로 더 큰 비전으로 지구촌의 역사와 문명사, 사상사들을 입체적으로 이해하며 음미해 볼 필요가 있다고 생각된다.


## Pepper

지금도 에스파냐는 유럽에서 고추 소비 1위국이며, 후추는 Black Pepper, 고추는 Red Pepper로 둘 다 똑같이 Pepper라고 불리는 이유가 콜럼버스의 미 대륙 발견에 있다.

# 제4장
## 장자의 우주관에서 화성 탐사선까지

2300년이 지난 장자의 우주관이 현대 물리학에서 공통분모를 갖게 되었다. 장자의 고전은 더 이상 피상적 우주론이 아니며, 서양의 과학은 현시점에 와서 장자의 우주론과 만나게 된다.


## 1. 장자의 우주관


장자의 우주관은 유가와 마찬가지로 주역의 변화라는 틀 속의 우주를 기본으로 한다. 그러나 우리 인간이 자연의 일부이면서도 자연의 꼭대기에서 자연을 경영한다는 유가의 우주관과 장자의 우주관은 다르다. 장자의 우주관은 우주의 모든 만물 속에는 도가 있고, 심지어는 개똥에도 도가 있고, 그 도는 모두 연결되어 있으며 그 연결되어 있는 만물 자연 속의 일부가 우리 인간이라는 것이다. 우리는 만물에 속해 있는 하나의 개체에 지나지 않고 모두가 연결되어 있으니 장자의 우주론 속에서는 파리 한 마리 죽어 없어져도 세상은 변화한 것이 되므로 그 속에 있는 인간도 당연히 변한다는 것이다.

만물 속에 도가 있고 그 모든 도는 서로 연결되어 있다는 이론에서 유추해 볼 때, 인간이 평정심을 갖고 자신 속의 도를 직시할 수 있다면 만물의 도를 알 수 있다는 결론에 도달한다. 그런 경지에 오른 사람들을 우리는 도인이라고 부르게 되었다. 이러한 아이디어는 1100년경 송대에 이르러 주렴계라는 학자가 유가와 도가를 합목시키려는 의도에서 태극도설이라는 책을 쓰게 되는데 이 책은 지금도 점을 치는 사람들의 필독서로 사용되고 있다

## 2. 뉴턴의 서양 우주론

우주는 엄격히 균형이 맞추어져서 변하지 않으며, 그 우주

에 대한 정답을 우리는 과학적 탐구로 얻을 수 있다고 믿었다. 뉴턴이 끼친 큰 영향은 그 균형이 질량에서 나오는 만유인력이 현시점처럼 고정적으로 균형이 맞추어졌다는 우주론이며, 이 우주론은 그 후 300년간 서양의 사상계를 지배하였다.

## 3. 현대의 우주론과 우주과학

20세기 초부터 현대 우주론의 변화는 거시물리학이 아닌 미시물리학에서 비롯되었다. 원자의 중앙에 핵이 있고 맨 가장자리에는 전자가 빠른 속도로 공전하고 있음으로써 구(Sphere)를 형성하고, 그 원자핵과 전자 사이에는 중성자, 광자 등도 전자와 마찬가지로 공전을 하고 있다는 것이 미시물리학적 모델이다. 이 미시물리학적 모델을 태양계의 구조에 접목시킨다면 누구도 그 구조적 유사성에 대해 감탄할 것이다. 미시물리학이 제시한 모델을 기본으로 현재 서양의 거시물리학(우주 과학)은 태양계와 은하계 그리고 다른 갤럭시들의 그림을 그려 나가고 있다.

# 불확정성 원리(하이젠베르크), 나비효과(로렌츠)

원자 예를 들어 볼 때 전자와 중성자, 광자들이 정확하게 흐트러짐 없이 핵을 중심으로 움직이는 것이 아니라, 불확실적으로 움직인다는 것이 하이젠베르크의 불확정성 원리이다. 이 원자의 모델을 태양계와 그 속의 행성들의 모형에 맞추어 보면 태양계 행성들의 자전과 공전들의 원리가 이해되며, 이는 천체망원경으로 1900년대 이전에 모두 증빙되었다.

그러므로 우주는 서로 핀이 맞을 정도로 오차 없이 움직이는 자전과 공전 시스템으로 되어 있는 것이 아니며, 그 궤도 또한 조금씩 변해 간다는 것이 하이젠베르크 이전의 우주관과 새로운 면모이다. 그러니 장자가 제시했던 바대로 변화하는 우주이며, 우주의 모든 구성체들은 서로 연관되어 있다는 것을 1953년 로렌스가 그의 유명한 '나비효과' 이론으로 논증한다. 브라질의 작은 나비의 날갯짓 하나가 지구 반대편에는 태풍으로 다가올 수 있다는 것이 그 이론의 핵심이다.

이러한 19세기 현대과학적 우주론이 원리상 장자의 우주론과 일치한다는 것은 아이러니한 일이다. 그러한 장자의 아이디어에 도달하기까지 서양철학자들은 2300년이라는 시간과 착오가 걸린 것이다.

## 허블 망원경: 인류 최초의 위성 망원경

인류 최초의 위성 망원경으로서 지구 대기권을 통하여 우리에게 다다르는 별들에 왜곡된 모습을 뛰어넘기 위하여 대기권 밖에 망원경을 위치시키겠다는 것이 허블 망원경의 목적이다. 지상 500㎞ 이상의 대기 중에 머무르는 허블 망원경은 이전의 지상 망원경보다 수백 배 선명한 사진들을 지구로 보내왔다. 그때까지도 과학적 이론에 불과하던 블랙홀도 수없이 발견되었고, 수만 광년 전에 발사된 별의 빛도 인식할 수 있게 되었다. 허블 망원경은 장자의 우주론을 인정함과 동시에 그 원리를 기초로 더욱 앞으로 나아가는 서구인들의 연구 스타일의 결과물이다.

## 태양계: 수성, 금성, 지구, 화성, 목성, 토성, 천왕성, 해왕성, 명왕성

## 패스 파인더: 화성 탐사선

패스 파인더는 지구인들이 그들과 같은 형태의 생명체 흔적을 찾기 위하여 화성에 보낸 탐사선이다. 지금까지의 결과는 부정적이다. 패스 파인더가 주로 하는 일은 물의 흔적을 찾는 것이었다. 그것은 곧 지구의 생명 발생 연구를 할 때, 물이라는 원소가 결정적이었다는 지구인들의 생각 때문인데, 여기에는 종교적인 영향이 드리워 있다. 지구는 신이 만들어 놓은 완벽한 창조물이라는 창세기의 말을 믿는다면 이 지구 밖 그리고 태양계 아니면 그 밖에도 신이 만들어 놓은 지구 생명체 같은 생명체가 존재할 것이라는 가정이 깔려 있다.

여기에 사상가들은 반문한다. 왜 화성에 가서 지구의 생명 체를 찾으려고 하는가? 우리 지구에도 메타세콰이어라는 나무가 있는데, 5,000수령이 넘는 그루가 여러 그루 있다. 5000년이라면 동·서양 역사와 그 기간이 일치한다. 그 5,000살이 된 나무가 지구 생명체들의 변화 상황을 보아 왔다면, 화성 탐사선은 비웃음거리이다.

## 보이저호: 지구의 역사, 문화, 언어, 음악

1977년 지구에 대한 수많은 정보를 타임캡슐 안에 담은 비행체가 지구로부터 태양계 밖으로 발사된다. 그 캡슐 안에는 지구상 수많은 민족과 국가의 언어와 역사 그리고 여러 종류의 음악과 영상들이 담기어 있는데, 그중 베토벤, 바흐의 음악 등이 들어 있다. 캡슐이 이러한 지구에 대한 내용들을 담고 있는 것은 지구인 이외의 어떠한 생명체가 발견을 할 경우 지구라는 생명체를 포함하고 있는 행성을 우호적으로 해석해 달라는 우리의 막연한 기대의 표명이다. 발사 초기의 속도는 음속 마하 10, 그 후로 보이저호는 지구와 계속 교류를 하며 모은 정보들을 지구로 보내왔다. 보이저호의 현재 모습은 태양 전지판으로 된 양 날개와 몸체로 구성되어 있다.

보이저 1호는 인류가 만든 가장 빠른 물체로 현재 시속 약 7만 3,600㎞의 속도(음속 마하 58)로 비행하고 있는데 그 속도는 점점 빨라져 가고 있고, 태양계 끝점을 비행 중이며 지구로부터 가장 멀리 떨어져 있는 지구의 물체이다.

태양이 이 한순간에 꺼진다면 지구에서는 8.5초 뒤에 태양이 꺼질 것이다. 그것이 태양과 지구와의 거리를 빛의 속도로 표현한 것이다. 보이저호는 현재까지도 지구와 지속 중인 통신방법으로 빛을 이용하여 신호를 보내는데, 현재 보이저호는 해왕성과 명왕성 사이에 운행 중이며, 보이저가 발사하는 빛의 신호는 지구까지 도달하는데 15시간 이상 걸린다. 이 막연한 빛의 속도 개념이 없어서 그렇지 지속적으로 변화하고 있기 때문에 음속으로는 계산하기 힘들어 이제는 우주과학자들도 광속을 쓰고 있다.

## 1m(길이의 기준 프랑스 쇠막대)

길이의 기준을 가지고 있어야 하는데, 합금 막대기를 만들어서 그것을 기준으로 삼고 있다. 이것이 합금막대로 만들어져서 프랑스에 보관 중에 있다. 과학에서 사용되는 모든 길이는 이 1m 기준치에 비례적으로 계산한다.

## 시간과 광속

지금까지 지구에서 가장 많이 사용되는 스페이스 과학의 속도개념은 음속(1분/340m(공기 중))이었는데, 이제는 광속(1초/지구 7바퀴 반)이 불가피하게 현대 물리학의 속도 기준치가 되어 가고 있다. 기술적인 문제만 해결된다면, 우리는 광속을 능가하는 속도를 만들어 낼 수 있을 것이고, 그렇게 되면 아인슈타인의 상대성 이론도 수정 불가피하게 된다.

현대의 우주과학은 2300년 동안 피상적 관념론이라고 여겨 왔던 장자의 우주관과 일치점을 보았으니 장자의 우주론은 더 이상 주관적 관념론이 아니고 과학적으로 지혜로운 가설이라고 보아야 할 것이다. 그러나 우리는 그러한 우주론적 프레임에 얽매어 있지 않고 지속적으로 우주의 안과 밖으로 뻗어 나가고 있다.

# 제5장
## 고전사상가들이
## 범한 오류의 언명들

　유명한 사상가들은 동서고금을 막론하고 대부분 한두 개 이상의 명언을 남겼다. 그러한 명언들은 때로는 그들의 철학적 사상을 대변하기도 하고 그들의 사상들과는 무관하기도 하다. 그러한 대부분의 명언들은 짧고 명료한 정언명법으로 쓰여 있는데 그 이유는 문장이 길어지면 그 핵심적 내용이 희석되기도 하고 그 표현의 매력이 삭감되기 때문이라고 사려된다. 수십 개의 사상가들의 명언들만 이해하고 암기한다면 훌륭한 철학적 기본지식이 되리라. 그러나 그 유명한 학자들도 시대 상황에 따른 무지함으로 많은 오류를 남겼고 과거의 많은 학자들이 현대 지성인들보다는 이 세상에 관하여 무지한 부분이 있었다는 것을 우리는 인식하여야 한다.

# 1. 아리스토텔레스의 인종·남녀 차별

아리스토텔레스도 현대문명 속의 한 학자가 볼 때는 우리보다 많이 무지한 학자였다. 아리스토텔레스는 소크라테스의 학풍을 계승하여 성공적으로 아카데미를 개설한 철학자였고, 현재에도 아리스토텔리안 소사이어티 하면 과학주의자들을 일컫는 말로 그 이름을 떨치고 있다. 플라톤과 달리 idea에만 집작하지 않고 질료와 형상이라는 이론으로 모든 지식은 경험에서 온다는 경험론의 창시자가 되었다.

그런데 아리스토텔레스에게도 큰 단점이 있었으니, 그것은 인간의 영혼에 관한 것이다. 영혼이 있는 자만이 idea를 담을 수 있고, idea를 담을 수 있어야만 철학을 공부할 수 있는데 노예나 여인, 어린이들은 영혼이 없다는 것이다. 그리하여 오로지 아테네의 남자 시민만이 철학을 공부할 수 있다는 차별주의자였다. 중요한 것은 아테네가 지성과 지혜를 중시하는 귀족사회로 발전되었음에도 불구하고 남녀차별이 심한 사회였다는 것을 알 수 있다.

철학을 하는 철학자는 모든 사물을 포괄적이며 명확한 비전으로 판단해야 함에도 불구하고, 아테네의 대표적 철학자인 아리스토텔레스는 "여자는 영혼이 없으므로 철학을 공부할 수 없다"라고 단정 짓는 오류를 범했다.

이러한 경향은 20세기 초까지도 서양사회에 깊게 뿌리박혀 있었고, 그리하여 귀족 출신의 여인들도 철학교육을 받지 못하였다. 여성이 공부를 해야 하는 이유는 20세기 초까지만 해도 육아를 위해서였다는 것임을 알아야 한다.

20세기 초부터 미국에서 최초로 여성이 철학을 접하기 시작하였고, 현재에 와서는 모두 알다시피 철학을 공부하는 데 있어서는 남녀의 구분이 없다. 우리가 위대한 철학자라고 칭송하는 아리스토텔레스도 그의 스승인 플라톤이 말한 것처럼 "악은 무지에서 온다"는 하나의 실례를 남긴 것이다. 아리스토텔레스는 아무리 훌륭한 철학자라고 하지만, 현대에 발전된 남녀관과 비교해 볼 때, 너무나 무지함에 나온 차별주의라고 볼 수 있다.


## 2. 데카르트의 "나는 생각하다, 고로 나는 존재한다"의 오류


"나는 생각한다, 고로 나는 존재한다"는 그 뜻은 이해가 되지만 문장 내에 있는 '고로'라는 단어의 사용으로 확실히 틀린 언명임을 보여 주고 있다. 근세 철학의 아버지라고 불리는 데카르트는 긴 철학의 암흑시대로부터 벗어나 이성적

으로 명철하게 사고하여 근세 철학의 기틀을 마련한 학자이
다. 그의 책 『성찰』을 보면 논리정연하게 이론이 전개되어
가면서 물질세계의 모든 것을 의심하게 되고, 학문의 기초가
될 어떤 단단하고 확실한 토대를 찾을 수 없게 되자, 그의
유명한 언명에 도달하게 된다.

"Cōgitō, ergo sum" 해석하면 "나는 생각하다, 고로 나는
존재한다"라는 언명이다. 그 누구도 논리적으로 부정할 수
없는 지식의 토대가 될 것으로 데카르트는 판단했을 것이다.
생각을 하고 있는데, 어떻게 존재하지 않고 생각을 할 수 있
단 말인가! 이 하나의 작은 토대로부터 그는 우리가 명석하
고 정확하게 판단하여 그 토대 위에 쌓아 올리는 지식의 구
성물을 완벽한 구성물일 것이라고 믿었다.

그러나 이 논증의 결론은 신이다. 우리는 신이 창조한 창
조물로서 우리가 명석 정확하게 인식하는 것들이 허구가 될
수가 없다는 논증이다. 만약에 그것이 허구라면 신은 불량품
을 만들었다는 것이기 때문이다. 여기까지 모두 논리적으로
체계에 맞게 논증된 것으로 보이나, 데카르트는 큰 오류를
범하였다. 이것은 우리의 언어를 집요하게 연구해 온 분석철
학자들이 주장한 논박이다. "나는 생각한다, 고로 나는 존재
한다"라는 말에서 우리가 눈여겨봐야 할 단어는 '고로'라는
단어이다. '고로'란 '그러므로'라는 뜻이다. 이를 다시 해석
하면 "나는 생각하므로 나는 존재한다"라는 뜻이 된다. 이것

을 논리적으로 분석해 볼 때, 나의 생각은 나의 존재의 원인이 된다는 것이다. 나는 다시 말해 나는 생각하기 때문에 존재한다는 뜻이다. 그렇다면 내가 생각하지 않고 잠자고 있을 때 나는 존재하지 않는가? 생각과 존재는 동치의 관계를 이루어야만 한다. 생각이 존재의 원인이 될 수는 없다. 만약에 데카르트가 "Cōgitō sum"이라고 말했다면 오류가 해결된다. 즉 "나는 생각한다, 나는 존재한다"라고 말했다면 데카르트의 오류는 해결된다.

데카르트가 아무리 논리적인 논증을 해 나갔어도 철학에서는 '그러므로'라는 단어 한마디로 옳을 수도 있고 틀릴 수도 있다. 그리고 또 한 가지는 그가 도달한 "Cōgitō sum"이라는 지식의 토대 위에서 지식을 쌓아 올라갈 수 있다고 주장하는 지식토대주의라는 입장을 고수하는데, 그것을 논증할 길이 그에게는 오로지 신의 존재밖에 없었다. 결국 데카르트는 신학의 테두리에서 벗어나지 못하고 결론은 신으로 끝난다. 이러한 중세 유럽의 신학에 대한 철학의 의존도는 헤겔까지 지속된다. 스피노자, 라이프니츠, 칸트, 헤겔 모두 논증의 결론은 언제나 신이다.

현대의 발전된 우주론과 인식론, 논리학, 과학문명을 교육받고 연구하는 현대철학자와 비교할 때 여러모로 무지함이 드러나지 않을 수 없다.

# 3. 마르크스의 자본론의 지리학적(Geographical) 오류

이 글은 20세기 중반부터 지구상의 국가들의 구조를 양극화시킨 마르크스의 공산주의 사상을 논박하는 것이 목적이다. 19세기 중엽 유럽 국가들은 공장을 기계화하고 막대한 연료와 재료를 공급하여 산업혁명을 일으켜 갔다. 이로 인해 개개인의 부가 쌓이고 귀족주의와 같은 금전으로 인한 신분 차이가 생겨나게 되었다. 이렇게 발전하는 자본주의에 대하여 독일의 마르크스는 자본주의의 멸망을 예언한다.

첫째, 자본주의는 항상 진보해야만 한다. 오늘의 생산가보다 내일은 생산가가 더 떨어지고, 그러려면 생산량도 늘어야 하고 공장은 더 커져야 하고, 이렇게 생산된 물품들은 소비자들에게 판매되어 그 부는 부르주아라는 계급을 만들어 낸다. 이러한 성장을 한마디로 인플레이션이라고 하는데, 자본주의는 지속적으로 성장해야만 멸망하지 않는다는 폐쇄적인 골목길을 달리고 있다고 주장한다.

둘째, 자본주의가 지속적으로 성장하고 있다는 뜻은 거기에 맞추어 수요도 증가하고 거기에 맞추어 에너지와 원료들이 더 많이 필요하게 된다는 뜻이다. 이 한정된 지구에서 무한대의 발전이란 있을 수 없다. 이 두 가지의 문제점이 마르크스가 자본주의의 멸망을 예언한 주요 골자이다.

그런데 유럽사회가 이를 해결하기 위하여 제국주의 정책을 써서 그 종말을 연장하려고 노력하였다. 식민지에서 물자를 공급받고 그렇게 하여 생산된 상품들은 유럽과 식민지에서 판매되었다. 자본주의의 세 가지 필수요소는 자본, 자원 그리고 시장이다. 세계는 자본의 투자 대상이자 동시에 시장이다. 시장과 공장은 서로 피드백 관계로 엮여 있어서 공장은 시장이 원하는 더 좋은 상품과 더 값싼 상품을 공급해줘야만 한다. 자본주의는 본질적으로 계속 앞으로 나아가야 생존할 수 있는 것이다. 자전거는 달려야 서고, 정지하면 쓰러질 수밖에 없다는 원리처럼 자본주의도 전진해야만 설 수 있고 정지하면 쓰러진다는 원리에 대해서는 마르크스가 옳다고 보인다.

제2차 세계대전 이후로 세계는 마르크스가 주장한 공산주의와 자본주의의 냉전적 대결구조로 바뀌었는데, 그 누구도 미래를 예측할 수는 없었다. 마르크스의 자본론이 내용상 옳은 면이 분명히 있다. 그러나 그가 간과한 사항이 하나 있다. 그것은 지리학적(Geographical) 문제이다. 그 문제는 바로 미 대륙의 존재이다. 미 대륙은 앞으로 한참 더 버텨 나아갈 자원과 기술과 소비자가 있기 때문이다.

종국에는 시간 싸움에서 마르크스주의가 1992년 두 손을 들고 현재 지구는 자본주의 세상이 되었다. 그러나 이제 자본주의 세상도 무조건 발전하며 전진하는 형국에서 변형하여 생산을 줄이고 지구의 자원을 지키는 쪽으로 가는 수정자본주의 형태로 변하여 간다. 사실 아직 남은 문제는 후발개발국가들인데, 그들은 경제발전을 위하여 아직도 굴뚝사업을 키워 나가고 있다.

유럽이나 미국 등 선진국은 이제는 Green 비즈니스 쪽으로 서서히 옮겨 가고 있는 상태이다. 결과론적으로 마르크스주의가 폐망하고 소련이 붕괴하게 된 이유는 마르크스의 자본론이 간과한 미국의 존재와 공산주의적 생산활동에서의 개개인의 성향을 간과했다는 점과 소련 역시도 경제적으로 자본주의에 밀려서 공산주의를 포기할 수밖에 없게 된 상황이었던 것이다.

자본주의자들은 더 이상 무작정 성장이라는 자본론의 원리를 따르지 않고 정지 내지 축소를 추구해 나아가고 있으며, 또 한편으로는 우주과학을 통한 지구 외적인 방법으로 해결책들을 간구하고 있다.


## 4. 불교의 8계 중 1계: "살생하지 마라"


여기에서는 현대문명적 시점에서 우리가 절대로 무시할 수 없는 자연과학적인 원리로 불교의 사상 하나를 논박하고

자 한다. 자비를 모토로 삼고 있는 불교의 8계 중 첫 번째 계는 '살생하지 마라'이다. 이는 근본적으로 우리의 생명유지의 원리에 어긋나는 계율이다. 우리가 모두 인지하듯이 생물은 크게 식물과 동물로 나누어져 있다. 식물은 공기와 땅속의 영양분과 물이 있으면 다른 생명체에 해를 끼치지 않고 살아갈 수가 있다. 그런데 동물은 그 생리적 원리상 식물처럼 고정적으로 땅에 뿌리를 박고 광합성을 하여 살아갈 수가 없다. 동물은 반드시 다른 생명체의 생을 해하거나 살생을 해야만 살아갈 수 있다.

푸르른 들 위에서 평온하게 풀을 뜯고 있는 예쁜 양들의 모습은 사실 자신의 생명을 유지하기 위하여 식물을 살생하고 있는 광경이다. 또 그 뒤에 숲 속에서 그런 양들을 내려다보고 있는 늑대들은 살생을 준비하는 과정에 있는 것이다.

우리 인간도 동물이므로 두 가지 본능이 있는데, 하나는 생명의 유지이고 다른 하나는 번식이다. 우리는 생명을 유지하기 위하여 매 끼니 식사를 한다. 식탁 위에 놓여 있는 음식물들을 보면 모두 우리가 살생한 것들이다. 그런 살생을 하지 않고서는 우리는 생명을 유지할 수 없다. 불교에서 말하는 "살생하지 마라"는 2500년간 거의 육식을 금하라는 뜻으로 전해져 내려왔다. 그렇다면 식물을 살생하는 것은 살생이 아니란 말인가? 현대과학이 밝혀 주는 바에 의하면 식물도 세포와 수맥과 유전자와 호르몬이 나오는 생명체들이다.

불교의 계리를 해석해 볼 때, 식물은 살생을 해도 되고, 동물을 피하라고 말하는 것은 마치 동물만이 생명체인 것으로 간주하는 느낌이 든다.

고전의 불가들이 식물을 먹으면서 살생에 대하여 생각을 하지 않았다는 것은 식물이 생명체가 아니라고 가정했다고 볼 수밖에 없다. 현재 식물도 모두 생명체라고 밝혀진 이상 불가들은 살생을 하지 않고 어찌 살 수 있을 것인가? 살생을 하지 말고 살라는 말은 한마디로 생명체에 대한 무지에서 나온 오류라고밖에 볼 수 없다. 지금도 절에 가 보면 스님들은 버섯을 요리하여 맛있게 먹는다. 알고 보면 버섯은 효모로서 분명 동물체이니 그것은 동물로 볼 수밖에 없다. 이러한 여러 가지 오류들은 무지에서 비롯되었다고 볼 수 있다.


## 5. 화랑의 살생유택


한국의 불교는 중국에서 건너왔지만 삼국시대부터 그 불교의 성질이 근본적으로 다르다. 600년대에 중국의 불교는 종파 불교였고, 불교의 1계인 "살생을 하지 마라"를 지켰다. 같은 시기에 신라에서는 불교가 국가의 정사와 손잡고 호국 불교의 모습을 띠며 화랑도들은 살생유택이라는 계율을 지키고 살았다.

그러면 여기서 살생을 하지 마라와 살생유택은 어떻게 다른 것일까? 논리적인 논고에 따르면 이 두 계율은 서로 상반되는 계율이다. 살생을 하지 말라는 계율은 조건이 붙어 있지 않은 무조건적인 계율이다. 그런데 화랑의 살생유택은 때에 따라, 선택에 의거하여 살생을 할 수도 있다는 뜻이다. 그 '때에 따라'라는 조건은 상황마다 무궁무진한 변수를 갖고 있는 것인데, 그 변수 중에 첫 번째가 '국가를 위해서라면'이었다.

그렇다면 신라의 화랑도들은 조건에 따라 살생을 할 수 있다는 뜻인데, 이는 논리상 살생을 할 수 있다와 다를 바가 없다. 분명 중국에서 믿었던 살생을 하지 마라는 계율은 화랑도들의 살생유택이라는 계율과 정반대되는 계율이다.

## 6. 극락 10만억 정토 서쪽

600년대 이후 지어진 한국의 정토종 사찰에 가 보면 극락전이라는 것이 있다. 거기를 들어설 때, 안내자들은 이렇게 말한다. "여기부터가 극락입니다"라고, 그러나 사실상 중국이 원산지인 정토종에서는 극락전에서부터 10만억 정토를 넘어 서쪽으로 가면 극락이 있다고 말한다. 그 정토라는 개념이 수치적으로 볼 때 어느 정도 크기의 공간인지는 모르겠으나, 10만억 정토 뒤라면 한 정토를 만일 우리나라의 한 칸으로만 가정하여 볼 때도, 서쪽으로 계속 간다면 지구를 한 바퀴 돌아 출발한 자리를 거치고, 또 거치고 몇 번을 거쳐야 할지 모를 계산상의 가정이 나온다. 이런 10만억 정토 뒤라는 개념이 나왔다는 것은 그 당시 불가들은 전혀 지구가 둥글다는 생각을 하지 못했기 때문에 기인된 것이라고 생각된다. 이것 역시 무지에서 나온 오류라고 볼 수 있다.

동서고금의 사상가나 철학자들을 볼 때 우리는 그들로부터 배우고 깨우쳐서 지금까지 오게 된 것이 사실이다. 그러나 청출어람이라는 말이 있듯이 현재 우리의 지적 수준은 과거의 학자들보다 앞서 있다. 우리가 한때 유명한 사상가라고 칭송을 하며 배우던 학자들의 무지로 인한 오류가 현대 학자들을 제외하고는 대부분 드러난다. 우리는 이제 철학사상 유명한 학자들에 대한 경배심에서 벗어나서 냉철한 판단을 하고 그들의 오류들을 빨리 인정하고 신지식의 테스트에 돌입하여야 할 것이다. 그럼에도 불구하고 과거가 없으면 현재가 있을 수 없고 현재가 없이는 미래도 있을 수 없듯이 철학과 사상을 공부하려면 우리는 언제나 과거, 현재, 미래를 동시에 비교 분석해야 함이 숙제로 남게 된다.

# 제6장
## 장자와 혜시의 우화

제물론이나 소요유 같은 원전을 통하여 장자의 사상을 이해하여 보려는 노력도 철학에 입문하는 학도로서 필요한 자세이기는 하지만 장자의 후세들이 집필한 잡편에는 여러 개의 우화가 실려 있는데 그 우화들을 읽어 보면 우선 재미나고 장자의 특유한 지적 능력을 가늠할 수 있게 된다. 우화를 통하여 장자의 사고방식이나 성향을 눈치채게 된다면 장자의 사상을 이해하고 지혜를 얻는 데 충분히 도움이 될 것 같아 몇 가지 소개하여 본다.

## 1. 혜시와 물고기 대화

혜시는 장자의 친구로서 명가이다. 수없이 많은 대화를 나누며 장자를 이겨 보려 하지만 백전백패였다. 어느 날 혜시와 장자가 숲을 거닐다 조그만 연못을 만났다. 연못 속에는 물고기들이 한가로이 놀고 있었는데 그때 장자가 한마디 하였다.

"저들은 한가롭고 자유롭게 노닐고 있군."

혜시는 바로 이때다 하고 생각하여 장자를 공격한다. 혜시가 묻기를 "자네는 내 마음을 아는가?"라고 하자, 장자가 대답하기를 "나는 자네 마음을 모른다네" 하고 대답했다. 이에 혜시의 반응은 옳거니 결국 올 것이 왔구나, 내가 이번에는 너를 이겨 주마! 하고 생각하며 장자에게 물었다.

"자네는 내 마음도 모르면서 저 연못 밑바닥의 물고기들의 마음이 평화롭거나 행복한지 어떻게 안단 말인가?" 하고 물었다. 그러자 장자가 미소를 지으며 대답하였다.

"내가 자네 마음을 모른다고 했으니 자네도 내 마음을 모를 진데, 거기까지는 동의하는가? 그렇다면 내 마음이 저 물고기들의 마음을 아는지 모르는지 자네가 내 마음을 어떻게 안단 말인가? 믿게나. 저 물고기들은 행복하게 노닐고 있다네." 혜시는 명가로서 서양철학적 개념으로 말한다면 논리주의자 또는 궤변론자이다. 상대방을 모른다는 전제 하나를 믿고 장자를 이기려 했으나 장자는 혜시의 마음을 꿰뚫어 보고 그도 내 마음을 모른다는 이치로 즉 혜시가 사용한 이치로 혜시와의 논쟁을 뒤집어엎는다는 우화이다.


## 2. 죽은 고목 이야기


어느 날 장자는 작은 동네 하나를 지나치면서 죽은 고목 앞에 섰다. 혜시가 먼저 말하기를 "이 놈도 한때는 잘난 생명체였는데 이렇게 죽어 버렸으니 쓸모없는 물건이 되어 버렸구나"라고 한다. 그러자 장자가 말없이 나무 뒤로 돌아가서 의자에 앉으면서 말한다. "이 나무는 죽어서 쓸모가 없는 거 같기는 하나, 이렇게 햇볕을 가려 주니 나에게 그늘을 만들어 주어 고마운 역할을 하는구나." 혜시는 또 고개를 떨어뜨렸다. "이 세상 만물은 대자연의 법칙에 따라 움직이는데 나뭇가지 하나 꺾기는 쉬워도 대자연의 법칙을 거슬러 그 가지를 다시 붙이기는 힘들다네. 모든 것들이 생긴 대로 존재하는 대로 역할과 이유가 있다네. 우리가 우리를 볼 때 오리 다리가 짧아서 늘려 주고 싶은 마음이 들긴 하지만, 그랬다간 오리의 인생은 하루아침에 변화하여 고생을 할 걸세.

마찬가지로 우리가 학을 볼 때 학의 다리가 너무 길다 하여 조금 짧게 해 줬으면 하는 마음이 들건마는 학의 다리는 자연의 이치에 따라 그 모양으로 그렇게 긴 것이니, 우리가 손을 대면 학의 생이 괴로워진다네." 이 우화 속에서 우리는 장자가 가지고 있는 자연과 인간관계를 이해할 수 있다. 자연의 만물들은 모두 이치대로 그러한 모습으로 그렇게 생존하듯이 인간의 사심으로 인하여 자연을 거스른다면 그것은 불행을 초래한다는 그의 사상이 담겨 있는 것이다.

이는 노자의 무위자연설과 통하는 사상이다. 우리는 자연을 따를 뿐 인위적인 가감을 하지 않는 것이 최선책이라는 것이다.


## 3. 부인의 주검


장자의 부인이 죽었을 때 혜시가 찾아가 보니 장자는 물통을 두드리며 발을 동동 구르며 웃고 있었다고 한다. 혜시가 묻기를 "자네는 부인이 죽었는데, 뭐가 그리 좋아서 웃고 있단 말인가." 장자가 대답하기를 "아까 나도 울었네, 이제는 더 이상 슬픔이 내게 없네, 저 사람도 한때는 존재하지 않았는데, 인간의 생명을 얻어 혈육과 기를 받아 성장하며

존재하였고, 나와 결혼하여 살았고, 이제는 다시 무로 돌아
갔을 뿐이네. 이는 마치 춘하추동이 전혀 다른 색깔의 모습
으로 변화하는 것과 무엇이 다르겠는가. 나도 아까는 헤어짐
에 슬퍼서 울었고, 울 때가 있으니 또 세상이 바뀌듯 웃을
때가 있는 것이 아니겠는가!" 장자의 세상 이치에 대한 자세
는 일반인들의 사고 틀에서 벗어나 있음을 알 수 있다.


## 4. 비단옷을 입은 소보다는 구정물 속의
　　돼지가 되련다


　장자가 산둥 성 한 마을의 연못에서 낚시를 하고 있는데
장자의 총명함을 익히 듣고 탐을 내던 초나라 제왕이 사람
을 시켜 장자에게 보낸다. 그 신하는 낚시를 하고 있는 장자
에게 말하기를 "초나라 제왕께서 천 냥의 큰 부를 안겨 줄
테니 제후를 맡아 달라고 부탁하십니다" 하니 장자가 대답
하기를 "천 냥이면 엄청나게 큰 재물이오. 나를 괴롭히는 사
람이 아무도 없는 상황에서 천 냥의 돈이 있다면 나는 참
행복할 것이오. 하지만 난 거절하겠소. 초나라 제후 밑으로
들어가 몸 바쳐 일을 하다가 '당신은 보았소?' 제사를 지낼
때 제물이 되려고 비단옷을 입고 끌려가는 소를" 장자가 물

었다. 관리가 대답하기를 "예 보았습니다." 그렇다면 장자가 말하기를 "당신도 내 마음을 이해할 것이오. 제후 밑에서 녹을 받다가 때가 되어 제물의 신세가 되어 끌려가는 비단옷을 입은 소처럼 제사장에 가게 될 때 나는 구렁텅이 속에서 자유롭게 놀고 있는 저 돼지들이 얼마나 부럽겠소. 난 그저 여기서 자유로운 돼지처럼 살고 싶소."

장자도 공자나 맹자처럼 유랑을 많이 하고 다녔지만, 장자의 도가적 입장은 속세적인 욕구에서 벗어나 있음을 알 수 있다. 그는 늘 빈고하였으나, 만족하면서 살았다고 한다.

## 5. 혜시와 봉황새

장자와 함께 돌아다니던 혜시는 그의 총명함을 인정받아 결국 한나라의 제후가 되었는데, 어느 날 장자가 지나가다가 한번 들러 얼굴이나 보겠다고 연락을 받는다. 혜시는 수심에 잠긴다. 항상 자기보다 더 총명한 장자가 나타난다고 하니 자신의 자리가 위태로워짐이 아닌가 하는 걱정이 밀려왔기 때문이다. 결국 기다림 끝에 장자가 도착하여 혜시의 얼굴 한번 힐끗 보더니 "내가 자네에게 이야기해 줄 것이 있네. 오다가 재미있는 광경을 하나 보았다네. 오다 보니 까마귀한 마리가 생쥐 한 마리를 잡고 발로 붙잡고 있는데, 저 하늘 건너편에서 봉황이 날아오는 것을 보게 되었다네. 까마귀는 자신이 잡은 생쥐 한 마리를 빼앗길까 봐 근심에 쌓여 더욱더 생쥐를 세게 붙잡았다네. 한 하늘을 날아 대나무 위에만 앉으며 이슬만 먹고 사는 봉황이 저 바닥에서 생쥐를 붙잡고 바둥거리는 까마귀를 보자 피시식 웃었다고 하네. 물론 봉황은 다른 언덕 너머로 날아가 버렸다네."

장자의 여러 우화에는 이런 식의 비유적인 역설과 역발상적인 사고로 우화를 통해 가르치려 하는 장자의 모습을 볼 수가 있다. 생쥐를 붙잡고 고심하는 까마귀가 되어 버린 혜시는 또 한 번 장자 앞에서 수치스러움에 고개를 숙인다.


## 6. 목공과 흙공 이야기


장자의 우화에 많이 등장하는 혜시가 죽자 장자는 제자들을 거느리고 혜시의 묘소를 찾는다. 그러던 중 제자 한 명이 상당히 의문스러운 모습으로 장자에게 묻는다. "스승님은 살아생전에 스승님과 상대도 되지 않는 혜시와 대화를 받아 주시면서 피곤하셨을 텐데 어찌하여 혜시의 묘를 찾으신 겁니까?" 이 질문에 장자는 제자에게 한 가지 우화를 들려준다.

"옛날에 한 나라에 둘이 함께 짝이 되어 일하던 흙공과 목공이 있었다네. 어느 날 작업 도중 흙공의 코에 진흙덩이 하나가 묻자, 흙공은 도끼를 들고 작업을 하고 있던 목공에게 말하네. '어이.' 그러자 목공은 들고 있던 도끼로 자연스럽게 한 번 얼굴 앞을 휘둘러서 코에 묻은 진흙을 털어 주었다네. 이 이야기가 소문이 되어 퍼지자, 그 나라의 제왕이 그 신기한 기술에 호기심이 생겨 목공을 찾아오게 된다네. 제왕은 '자네가 그 목공인가?' 하고 묻고는 다짜고짜 코에다 진흙을 바르고 '여보게 목공, 그 도끼로 이 진흙 좀 털어 주게나. 나는 자네가 그러한 재주가 있다는 사실을 듣고 왔으니, 그 소문이 사실이 아니면 자네의 목을 베겠네'라고 제왕이 말하였다네. 목공이 대답하기를 '전 못 합니다요.' '자네는 그런 신기가 없단 말인가?' 황제가 말했다네. 목공이 대답하기를 '그 이유는 제왕께서는 제 친구인 흙공이 아니기 때문입니다.'"

이 우화를 듣고 장자의 제자는 이해를 하지 못하였다. 장자가 하고 싶었던 말은 혜시와 내가 한 쌍이 되어 많은 실없는 대답을 나누었지만, 그가 내 대작이 되어 주어 나는 많은 이야기를 나누었고, 많은 생각의 발전을 얻었던 것이다. 대화에서의 상대자가 중요함을 일깨워 주는 장자의 가르침이다.

# 7. 장자와 소요유의 붕

장자의 소요유에는 태평양 앞바다에 거대한 고기가 사는데 그 이름은 곤이라고 하고 한 번 물을 치고 올라 거대한 새로 변하면 이 이름을 붕이라고 한다. 이 붕이라는 새는 한 번의 날갯짓으로 9만 리나 상공으로 날아오를 수 있다. 장자가 이러한 상황을 그려 낸 것은 우리의 경험에 얽매인 비전을 경험이라는 프레임 밖으로 내돌려 보려는 우리의 사고적 비전을 확장시키고자 함이다.

그런데 만약 진정 그러한 거대한 새가 9만 리를 날아올랐다면 분명 지구가 둥글다는 것을 보았을 것이다. 그렇지만 장자가 말한 투를 볼 때 장자에게는 둥글다는 아이디어가 배어 있지 않고, 장자 이후 1800년 동안까지도 중국에서는 지구가 둥글다는 주장을 한 자가 없었다.

장자가 도가적으로 우리 식견의 경험을 초월하여 형이상학적으로 넓히려는 의도는 이해가 되나, 그도 역시 과학적 무지에서 오는 오류를 범하였다. 지구라는 구의 물리적인 형태에 대한 오류였다.

# 제7장
## 중국
## 물질주의의 진화

서양은 고전적으로 이상주의와 유물론이 이분화되어 논의되어 왔다. 이상주의란 초물질적인 심적 상태가 존재한다고 주장하는 것이고, 유물론이란 심적 상태도 결국 물질적인 상황에 따라 변화하게 된다는 주장이다. 서양도 과거에는 이상주의가 우세하였으나 현대로 들어오면서 유물론 쪽으로 무게가 옮겨 가고 있다. 중국의 유물론은 의리(義利)론이라는 이름하에 애초부터 이상주의와 유물론이 얽혀 있었다. 여기서 의(義)란 분배라는 의미이고 리(利)란 물질이란 뜻이다. 의란 분배라는 의미이므로 물질과 관련된 판단이며 정신적인 의미이고 리란 순수하게 물질이므로 뜻 그대로 유물론적 대상이다. 중국도 과거에는 리보다 의에 중점을 두었었지만 송대 이후로부터는 리의 중요성이 발전해 가면서 서양 유물론의 의미로 변하여 간다.


## 1. 의(義)와 리(利)에 대한 해석


중국의 유물론을 이해하려면 우선 의리란 용어를 분석함이 도움이 된다. 일반적으로 우리는 의는 옳다는 의미로 사용하고 있고, 리는 재물이라는 의미로 사용하고 있다. 하지만 설문해자 이전의 중국 단어에는 그 뜻의 차이가 조금 있다. 리(利)는 벼 화(禾)와 칼 도(刂)가 합쳐진 문자로 벼를 수확하면 당연히 재물이 모이므로 재물을 뜻한다. 하지만 의(義)는 우리가 일반적으로 옳다는 의미로 사용하고 있는데, 어찌하여 배분의 의미가 생겼을까 의문이 든다.

설문해자 이전의 의(義)는 양(羊)과 아(我, '자기 자신')의 결합어이다. 그런데 아(我)는 설문해자 이전 다른 뜻이 있었다. 그것은 칼이나 톱을 의미하는 것이다. 양과 칼이 합치면 당연히 분배의 의미가 나올 법도 하다. 남자라면 누구나 공감하듯이 사냥을 나갈 때 활, 창, 칼을 들고 나아갈 때는 즐거움에 휩싸이게 된다. 사냥의 막바지에 양이나 염소를 잡으면 그 흥분감은 클라이맥스에 이르러 즐거움을 갖게 된다.

그런데 그 포획물을 작업하여 분배할 때는 분위기가 사뭇 달라져 살벌함까지 띠게 된다. 여기서 분배는 옳게 되어야 하는 것이고, 그 옳다는 분배의 개념은 현재 우리가 쓰고 있는 1/n이라는 개념과는 거리가 멀다. 그 분배를 옳게 하는 사람이 불화를 막아 낼 수 있는 결정자이다. '분배를 옳게 한다'에서 앙(羊)과 아(我)가 합치어 현재 의(義)가 만들어 졌을 것으로 본다.


## 2. 학자들의 의·리에 대한 견해


공자는 의(분배)의 원리로 백성을 다스리는 기본원리를 삼고 있다. 그렇지만 제자들은 요구하였다. "그 의에 표준은 무엇입니까?" 공자가 말하길 "의의 표준은 예이다"라고 하였다. 이 대답은 질문 이전보다 더 큰 질문을 낳게 한다. 무엇이 예의 기준이란 말인가? 공자는 현실주의적 학자였으나, 사물의 이치에 지혜로운 사람은 아니었던 것으로 보인다. 끝으로 공자가 말하길 "군자는 의에 밝고, 소인은 리에 밝다." 이는 의의 중요성을 주장한 공자의 사상이다.

묵자는 효용성에 대해서 논의한다. 리가 아무리 많아도 제대로 의되지 못하면 불화가 생기므로 의에 중점을 두었다.

그의 사상의 특징은 그 의에 대한 의견을 몇몇 사람끼리 나눌 것이 아니라, 전체 모두가 느낄 수 있도록 하여 의에 역할을 최대한 발휘하게 하는 것이 의에 효과의 효능화한다는 것이다.

맹자는 "인 안에 의가 있다"고 말했다. 이 또한 역시 공자의 의리론처럼 질문만을 낳게 만드는 답변이다. 맹자에게 다시 물으면 "리를 치하하면서 더 이상 내게 그런 질문을 하지 말라" 하며 신경질을 내었다고 한다. 맹자 또한 이상주의 현실 철학자라고 하나, 학문의 스타일과 행위는 의에 많이 치우쳐 있다는 것을 볼 수 있다.

순자는 사람은 의도 좋아하고 리도 탐하는 두 가지 본성이 있다고 판단하였다. 다만, 의가 세상의 질서를 잡을 때가 치세이고, 리가 세상의 원리를 지배할 때 난세라고 표현하였다. 순자 역시 의를 숭배하고 리는 부끄럽게 여기는 사람이었다. 그러나 그 누구도 리 없이 생활이 가능하단 말인가? 중국의 고전학은 역시 현실생활보다는 이성에 무게를 둔 듯 보인다.

한나라의 동중서도 사람은 본래 의를 중요시하고 리를 탐하는 두 종류의 마음이 있다고 생각하였다. 그는 의는 마음을 기르고 리는 몸을 기른다는 보다 현실적인 개념에 도달하였다. 결국 몸과 마음이라면 마음이 중요하지 않은가? 동중서 역시 의를 더 중요하게 생각한 것으로 보인다.

왕충은 관자의 언명을 인용하여 "창고가 차야 예절을 알고 옷과 음식이 충분해야 예를 안다"고 하였다. 사람의 선악 행위가 본성에 달린 것이 아니라 가을걷이에 달려 있다는 것이 왕충의 의견이다. 이는 서양적 의미의 유물론과 일맥상통한다.

중장통이 말하길 "천재지변이 일어나 모두 허덕일 때 창고를 열면 이 경우 리가 의로 된다고 하였다." 여기서부터 중국의 의리론의 변화가 엿보인다.

북송의 왕안석은 "의란 리의 총화이다"라고 말했다. 결국 세상에 깔린 리의 분배와 접수는 의에 의한 것이다. 이러한 왕안석의 이론을 의리 통일사상이라 부른다. 여기서 우리는 의란 이상적인 사고와 리란 현실적인 재물의 관계가 중국 역사상 의에서 리로 변하고 있음을 볼 수 있다.

북송의 장재는 말하길 "리란 온 백성에게 이로울 때 리이고 국가에 이로울 때의 리는 진정한 리가 아니다"라고 말하였다. 리의 분배 법칙이 이제는 사회적 이슈가 되고 리의 분배가 의롭지 않을 때, 의는 의롭지 않은 의가 된다는 것이다. 이러한 장재의 의리론은 중국 최초의 공산화적 유물론이라 할 수 있다. 이러한 장재의 이론은 모택동이 공산화를 이룩하고도 여러 번 사용했던 의리론적 원리라고 알려져 있다.

과거에는 군주가 천하 최고의 리를 갖는 형통이었으나, 송, 명, 청대를 지나며 리의 개념은 만물에 대한 리의 개념으로 변화해 간다. 청 말에 이러한 의리론은 마르크스의 공산주의 이론과 접목을 이루어 중국 공산화의 불을 지피는 역할을 한다.

하지만 현대에 이르러 오랜 기간의 공산화 체계 속에서 중국인들은 변함이 없어 보인다. 아직도 형식적으로는 공산주의를 고수하고 있으나 중국은 거대한 리 중심적인 체계로 움직이는 결국은 자본주의적 원리에 입각하여 활동하는 국가임을 누구도 부인할 수 없다.

공자가 말하길 "리의 기준은 예다"라는 언명은 현세의 모든 의리론적 유물론적 현상의 큰 책임을 지는 너무도 수준이 높아 일반인들에게 쉽게 수용되지 않는 언명이었다고 보인다.

# 제8장
## 과학과 테크놀로지, 불교

우리의 현대생활은 상당히 과학문명에 의존적이다. 과학은 수학을 언어로 사용하고 있는데, 불교의 원리가 현재 우리가 쓰고 있는 수학의 원리를 제공했다고 하면 의아해할 사람이 많을 것이다. 과학의 기본원리를 고찰해 보고자 한다.


## 1. 과학이란 무엇인가?


### 실재론↔비실재론


실재론이란 어떤 이론이 그것과 상응하는 참된 물리적인

예제가 있는 경우를 믿는 긍정론을 말한다. 비실재론이란 이론이 어떠하든 이론과 상응하는 물리적인 증거가 없을 때 그 이론이 거짓이라고 주장하는 회의론이다. 과학에 있어서 과학이론이 실재성이 있다고 믿는 사람을 실재론자라고 하고, 반대로 과학이 실재하고는 관계없는 허상이라고 주장하는 자들이 비실재론자들이다.

## 과학적 문장, 비과학적 문장

일상생활의 우리 대화 속에서 "좀 과학적으로 이야기해봐" 또는 "그건 너무 비과학적이잖아"라는 말을 하곤 한다. 과학적이란 무엇인가? 나의 주관적 의견, 집단 주관적 의견을 표명하는 언명, 예를 들면 "이 초콜릿은 맛있다" 또는 "미륵이 다시 태어날 시기는 56억 7000만 년 뒤이다"라고 주장한 석가모니의 언명은 과학적인 문장이 아니다.

논리적 필연성을 수반한 문장만이 과학적인 문장이다. 예를 들면 "나는 박지성을 좋아한다"라고 누가 말을 할 때, "왜 좋아하는가?" 하고 다른 이가 물으면 "좋아하니까"라고 대답한다면, 이것은 비과학적 문장이다. "나는 박지성이 어시스트를 잘하니까 좋아한다"고 실재적 이유를 포함하면 과학적인 문장이다.

## 논증가능성, 반증가능성

1900년대 초까지 과학적이란 논증가능성(카르납의 주장)이 있는 이론을 뜻했다. 어떠한 과학적 이론이 현재에는 기술적으로 증명될 수 없다고 하더라도 논리적 필연성으로 언젠가는 증명될 수 있다는 긍정론을 과학적 논증가능성이라고 한다. 이러한 논증가능성이 있는 문장을 과학적 문장으로 인식해 왔다. 하지만 너무나 많은 과학이론들이 논증가능성만 가지고 그 실재성을 갖는다는 것은 과도한 긍정론자적 발상이라고 실재론이라는 증명을 하기가 너무 힘들다는 중론이 생겨나기 시작했다.

그래서 1900년대 초 나온 이론이 반증가능성(포퍼)이다. 그것은 어떠한 문장이 논증가능성이 없더라도 반증 가능하다면 그것은 과학적인 문장이라는 것이다.

쉽게 이야기해서 논증가능성이 있는 문장보다는 반증가능성이 있는 문장이 훨씬 더 많다. 과학적 실재주의가 성장한 예이다. 또 과학적으로 불변의 교과서적 정답을 추구한다는 입장에서 일부 후퇴한 입장이라고 볼 수 있다. 어떤 문장이 주관적 의견이거나 몽상적 가설이라면 그런 무장들은 논리적으로 반증하기가 불가능하다. 그런 문장은 과학적 문장이라고 볼 수 없다. 어떤 문장이 논리적 프레임 안에서 논의되었다면 그 문장은 반증 가능하므로 과학적 문장이라고 보는 것이다. 그 이후에 이보다 더 양보를 많이 한 과학적 패러다임(쿤), 과학적 프로그램(라카토스), 아나키즘(파이어반트) 등이 등장하면서 과학적 이론이 갖추어야 할 논증가능 확실성에서 그 기준조건이 많이 약화되었다.

## 과학의 주요 방법론: 합리론, 경험론

현대과학에 이르기 전까지 유럽에서는 합리론과 경험론이 쌍벽을 이루어 왔다. 합리론이란 과학적 지식을 이성적으로 고찰하여 결론을 이끌어 내는 과학주의인데, 합리론의 장점은 그 결론이 논리적 필연성을 가지고 있는 점이고, 단점은 맨 처음 경험을 하지 않고서 어떻게 논증하여야 할 기본 데이터가 얻어질 수 있는가 하는 것이 문제이다. 인간에게 생득적(innate) 아이디어, 데이터가 없으면 논증을 시작할 것도 없다는 것이다. 이는 경험으로 얻어진 자료들의 확실성에 대하여 합리론자는 회의적이기 때문이다.

경험론은 많은 경험을 통하여 그 경험적 데이터가 결론을 내리기에 충분하다고 하면 그것은 참이라고 믿는 방식이다. 예를 들면, 우리가 보는 까마귀가 모두 까맣다면 어느 시점에서 한 경험론적 과학자는 까마귀는 까맣다고 말할 것이다. 이것이 전형적인 경험론파들의 과학방법이다. 아리스토텔레스를 경험론의 아버지라고 하는데, 그는 말했다. "모든 지식은 경험에서 시작된다." 그런 반면, 경험론도 단점이 있다. 만약에 이 지구상 어느 한 곳에서라도 까맣지 않은 까마귀가 존재한다면, 까마귀는 까맣다고 말하는 경험론적 이론은 무너지게 된다.

현대에 들어와서 영국의 철학자인 러셀은 경험론적 긍정론자들을 향하여 비아냥거리듯 말한다. 한 칠면조 농장이 있는데 그중 한 마리의 똑똑한 칠면조가 자신의 경험을 통하여 알아차린다, 종이 다섯 번 울리면 저녁식사가 나온다는 것을, 그 칠면조는 경험론자이다. 경험론적 지식을 습득한 것이다. 그러나 어느 날 그 칠면조는 또다시 종이 다섯 번 울리기를 기다리지만 그날 저녁은 없었다. 그날은 추수감사절이었기 때문이다. 회의론의 고전적 대표주자인 흄은 말한다. "여태껏 매일 아침에 해가 떴다. 그렇다고 내일도 해가 뜬다고 장담할 수 있는가?" 이에 대하여 유럽의 합리론자인 스피노자는 말한다. "내일 지구가 망한다 하더라도 나는 오늘 사과나무를 심을 것이다."

중세 유럽은 영국의 경험론과 대륙의 합리론으로 양분화되어 있었다. 이를 통합한 사람이 바로 엠마뉴엘 칸트이다.

## 결정론→인과적 폐쇄성

결정론이라 함은 모든 사건들이 벌어질 것이라고 이미 결정되었다는 뜻이 아니다. 어떤 사건이 일어난다면 그 사건이 일어날 수밖에 없도록 하는 이유가 있기 때문이라는 뜻이다. 그러므로 그러한 이유들이 결정적으로 그 결과를 낳게 한다는 뜻이다.

결정론은 서양과학에서 중요한 역할을 했지만, 윤리학에서는 문제점을 자아냈다. 범죄를 결정론적으로 본다면, 어떠한 범죄도 그가 범죄를 저지를 수밖에 없는 내외부적 이유가 있었기 때문이라고 볼 수 있는데, 그렇다면 그 내외부적 환경의 잘못이지, 그 범인의 잘못이 아니라고 해석할 수 있기 때문이다. 그리고 과학적으로도 결정론은 인과적 폐쇄성이라는 문제에 부딪히게 된다. 인과적 폐쇄성이란 A→B→C→D 같은 D로 향하는 결정론적 회로에서 그 어떤 이변도 있을 수 없다는 것이다. A는 B의 원인이고 A와 B 사이의 필연적 관계에서 B는 다른 어떤 결과도 대신할 수 없는 A라는 원인의 유일한 결과이다. 이러한 폐쇄적 회로를 인과적 폐쇄성이라고 부른다. 인과적 폐쇄성 속에서는 하나의 input에 대해서는 오류가 없는 한 단 하나의 output만이 올바른 정답이다. 이러한 체계에서는 확실성은 보장되지만 새로운 것의 창조란 있을 수 없다. 이것이 컴퓨터의 한계인데 뒤 장에서 자세히 논의될 것이다.


## 2. 과학의 언어: 수학


### 과학의 언어→수학

과학은 물리적 데이터를 수학적 언어로 결론에 다다르게
하는 방식이므로 수학을 과학의 언어라고 말할 수 있다.


### 로마 숫자, 중국 숫자

고대 로마 숫자와 중국 숫자는 아라비아 숫자 이전의 숫
자체계로서 정확한 십진법이 아니고, 오진법, 십진법, 십이진
법, 육십진법 등 당양한 숫자체계를 사용하여 왔다. 로마 숫
자는 5단위마다 다른 표기가 있으니 5진법적 성향이 있다고
볼 수 있고, 중국의 숫자표기법은 10단위별로 다른 표기법
(十, 百, 千)을 사용하므로 완전한 10진법이라고 말하기 어
렵다. 여러 문명의 숫자 표기법을 통합적으로 관찰하여 볼
때 10진법이 가장 많이 쓰인 것으로 보이나 현재의 아라비

아 숫자처럼 사용이 수월하고 완벽한 10진법은 없어 보인다.

물론 손가락이 10개이니까 10진법을 추구하려 했던 것처럼 보이지만 의외로 12진법도 많이 사용되었다. 예수의 12제자에 12가 있고 그리스의 12신에 12가 있고, 아랍의 천문도인 녹시더도 12간으로 구분되어 있으며 중국의 띠도 12가지이다. 이 12란 숫자를 기본으로 하면 60진법이 나온다. 우리가 시계에 사용하는 숫자 시스템도 60진법이고, 동양에서 사용하는 회갑의 개념도 60진법에서 나온다. 그러면 오늘날 우리는 왜 가장 사용이 편리한 10진법 시스템인 아라비아 숫자를 사용하게 되었으며 이 아라비아 숫자는 어떻게 만들어진 것일까?


## 3. 불교의 '공'사상, 윤회사상
   그리고 아라비아 숫자


아라비아 숫자는 실크로드 중앙에 있는 아라비아제국에서 수학의 편리함을 얻기 위하여 불교의 사상을 숫자체계에 포함시켜 만들어 낸 숫자체계인데, 현재 우리가 쓰고 있는 숫자가 아라비아 숫자이다. 아라비아 숫자가 세계에 널리 퍼져 쓰인 역사는 10세기경부터 그리 길지 않은 역사이다. 아라비아 숫자는 인류문명 발전의 거대한 원동력이었으며, 현대문명의 중심축인 과학이 사용하는 언어이다. 현대의 과학이 불교의 사상으로 불이 지펴졌다면 조금 아이러니하게 들릴지도 모른다. 역시 장자가 말하였듯이 만물의 도는 연결되어 있다. 지금 세계가 인터넷으로 얽혀 있는 것도 좋은 예라 하겠다.

10세기 이전 인도는 아랍인들의 지배를 오랜 기간 받았다. 아라비아 숫자가 불교의 원리에서 나왔기 때문에 정확한 10진법의 원리가 인도의 발명품이었다는 설도 있으나, 아라비아 숫자가 동·서 간 실크로드의 중심 지역인 아라비아에서 8세기부터 활발히 사용되었으니 그 이름은 아라비아 숫자가 되었다. 사용자가 발명자라는 역발상도 가능하다.

불교의 주요 원리 중에는 '윤회'사상과 '공'사상이 있다. 윤회사상은 생과 사 그리고 나머지 모든 것이 돌고 돈다는 사상이다. 원리대로라면 한 번 태어난 생이 죽으면 또 태어나기를 돌고 돈다는 것이다. 공사상은 정확한 언명으로 답을 내리기 어려운 물리적이며 형이상학적인 사상이다. 비어 있으면 무엇이든 들어갈 수 있는 공간이고, 마음을 비워야 붓다의 뜻이 들어갈 수 있고, 또 두 물체 사이에 공이 끼어 있다면 가운데가 비어 있는 전체 그림에서 공의 역할을 하는 것이다.

우리가 1, 2, 3, 4, 5, 6, 7, 8, 9까지의 숫자기호가 있다

면 윤회의 개념에 따라 1을 다시 사용하고 거기에 의미 없는 공(0)을 붙여 주면 10이라는 새로운 개념이 탄생하며 DIGIT이 한 단계 올라가는 10진법이 제 모습을 갖춘다. 12, 13, 14라는 개념들도 문제가 없고 99에 이르면 한 DIGIT을 더 올려서 100이 만들어진다. 1002, 11010 등과 같은 숫자를 위에서 본 로마 숫자나 중국 숫자로 표현하려면 진땀이 빠진다.

| | 로마 숫자 | 중국 숫자 |
|---|---|---|
| 1 = | I | 一 |
| 2 = | II | 二 |
| 3 = | III | 三 |
| 4 = | IV | 四 |
| 5 = | V | 五 |
| 6 = | VI | 六 |
| 7 = | VII | 七 |
| 8 = | VIII | 八 |
| 9 = | IX | 九 |
| 10 = | X | 十 |
| 50 = | XI | 五十 |
| 100 = | C | 百 |
| 500 = | D | 五百 |
| 781 = | DCCLXXI | 七百八十一 |

## 알크와 리즈: 알고리즘, 알제브라, sin, cos, tan, 원주율

수학은 10세기경 이슬람 문화에서 급속도로 발전했으며, 그 기본원리들이 지금의 수학에서도 바탕이 되어 학습되고 있다.

현대의 문명이 아라비아 숫자 시스템이 아니었더라면 어떤 형태의 현실이 우리 앞에 있을지 상상하기 어렵다. 이제 세계는 디지털화되어 가면서 0과 1만을 사용하는 2진법적인 혁명이 일어나고 있다. 그러나 문제는 없어 보인다. 2진법의 숫자와 10진법의 숫자는 모두 기계적 방법으로 호환 가능하기 때문이다.


## 과학문명과 테크놀로지 – 과학문명과 과학 용어 재정돈

종전까지 불교가 일상과 동떨어진 피상적인 사상만을 논한다는 생각에서 이제는 벗어나야 한다. 현대 과학문명의 발전사에서 불교적 원리가 하나의 큰 획을 그었다는 사실을 인정하여야 한다. 항상 과학문명은 기술문명에 있어서 아이디어 역할을 한다. 기술문명은 그 아이디어를 실체화시키는 방법론이다. 과학문명은 모든 기술문명을 앞서 가고 있고, 기술문명은 그 과학적 아이디어를 현실사회에 접목시키는 역할을 한다.

우리는 이미 과학문명과 테크놀로지 속에서 살아가고 있

으며, 서양철학은 과학과 기술의 발전을 주시·감시하며 새로운 과학윤리들이 끊임없이 나오고 있다. 동양철학은 우리의 현실생활과 직접적으로 연관되어 있는 이러한 과학문명에 대하여 계속 침묵을 유지하고 있는데, 현실과 동떨어진 동양 고전만을 연구한다면 이것은 진실한 철학적 자세가 아니다. 동양철학도 이제 현실적 과학문명에 대한 무지에서 깨어나 현실의 문제들에 눈을 돌려야 할 것이다.

생명복제 문제, 시험관 아기, 안락사, 유전자 조작, 파괴적 기술, 환경문제, 사이버 윤리 등 수많은 기술과 과학에 관련된 윤리학이 논의되고 있다. 사이버윤리학은 이제 현실적 윤리학으로서 그 자리를 잡았지만 아직은 어떤 이론에 도달하거나 문제의 해결책이 없이 주로 문제들을 발견하고 자각하여 대화의 테이블에 올려놓고 논의만을 해 가는 실정이다. 결론은 없지만 기술보다도 그 기술의 사용법이 중요하다는 것이 잠정적 접근방식이다.

# 제9장

## 글로벌 시대 속에서
## 우리의 좌표

세계 속의 한국이라는 개념하에서 볼 때 우리는 역사
상 그 어느 때보다도 세계 속에서 큰 역할을 담당하고 있다.
한류가 그중의 하나이다. 한국인의 유전적 우수성으로 이를
결론지으려고 한다.


## 문화적 구조→초문화적 아이디어→새로운 패러다임


문화는 영어로 'Culture'이라고 한다. 일반 사람들도 Culture
라고 하면 문화를 떠올리지만, Culture의 원래 의미는 '기르
다, 재배하다'이다. 그러므로 문화라는 것은 고정된 어떤 패
러다임이 아니고 우리가 가꾸어 변형시켜 나아가는 것이다.

문화의 형성 단계를 보면,

아이디어→스타일→패션→트랜드→패러다임→문화

일반적으로 이러한 수순을 거쳐 문화가 형성되어 현존하는 문화와 결합하게 되는 것이다. 지금 우리 생활 속의 문화 변화는 수많은 외국문화가 다발적으로 들어와서 한국적인 문화의 패러다임과 결속되고 융화되고 또 우리 식으로 변화되어 새로운 문화가 창조되기도 한다.


# 1. 문화적 사대주의


역사를 배울 때 우리는 조선시대 이후부터 사대주의라는 말을 많이 사용하여 왔다. 그러나 사실 알고 보면 '사대주의'라는 단어는 일제 강점기 때 일본인들이 만들어 낸 말이다. 그 뜻은 강자를 높이 받들고 따르는 형국을 말한다. 물론 조선시대부터는 명·청으로부터 문화적 학문적 내용들이 밀려들어왔는데 그것들을 공부하다 보면 사대주의에 빠져들기 십상이다. 사실 어느 나라를 공부할 때 그 나라를 좋아하지 않고서는 그 나라에 대해서 배울 수가 없다. 조선 학자들이 중국의 동양학을 공부하면서 사대주의화된 것도 어떻게 보면 당연한 일이다. 고려 때까지만 해도 우린 서양문화와 직접 교역을 했었으나, 조선시대부터는 서양의 모든 것들이 중국을 통해서 들어왔다. 그래서 서양학을 북쪽의 중국으로부터 왔다고 하여 북학이라고 불렀다.

같은 시대에 일본은 서양과 직접 교역을 하면서 서양의 발달된 문명과 사상을 직수입하고 있었기에 발전해 나아갈 수 있었다. 지금은 더 이상 조선시대도 아니고 글로벌한 시대 상황으로 볼 때, 우리나라의 동양학자들이 아직도 사대주의를 가지고 있는 경향이 있는데 이제는 과감하게 벗어나야 한다.


## 2. 한류로 보는 한국문화의 위력

문화, 산업, 스포츠, 과학기술 여러 분야에서 한류가 퍼져 나가고 있다. 우리나라 역사상 이렇게 많은 분야에서 세계 속에 한국의 위상을 드높인 적이 없다. 한류라는 용어는 사실상 우리나라 드라마나 음악이 수출되어 폭발적인 인기를 끌면서부터 시작했는데, 이제는 한류의 영향이 연예계 분야에서 벗어나 여러 분야에까지 파고들고 있다.

그러면 여기서 우리는 우리의 한류가 드라마 외의 어느 분야에서 어떻게 세계 속으로 파고들고 있는지 대표적 사례들을 고찰해 볼 필요가 있다.

## 인터넷, PC 네트워킹/황규빈

인터넷 하면 누구나 우리 생활의 일부라고 생각하고 사용하고 있지만, 그 원류에 대해서 의구심을 가져 보는 사람은 흔하지 않다. 인터넷 시스템이 구축되기 전에 'PC 네트워킹'이라는 용어가 있었다. 여기서 PC란 Personal Computer(개인 컴퓨터)의 약자이고 네트워킹이란 컴퓨터 간의 커뮤니케이션 그물망을 의미한다.

PC라는 아이디어는 현재 MS와 대결하고 있는 애플사의 스티브 잡스가 최초로 만들어 낸 것이다.

네트워킹은 개인 컴퓨터들을 모뎀이라는 기구를 통하여 전화선으로 연결을 하고, 컴퓨터들 간에 서로 그물망처럼 커뮤니케이션을 하는 아이디어인데, 바로 한국인인 황규빈 박사가 그 특허를 냈다.

이러한 'PC 네트워킹'은 80년대부터 90년대 중반까지, 즉 인터넷이 나오기 이전까지 컴퓨터 모뎀(천리안 등)을 통해 사용되었다는 사실을 우리는 알고 있다.

인터넷은 'PC 네트워킹'의 아이디어로부터 기인한 것이고, 현재 전 세계에서 보편적으로 사용하고 있으며 세계를 글로

벌화시키는 데 결정적 역할을 했다. 즉 세계문화의 대변혁을 일으키게 된 것이다.

그런데 이러한 인터넷을 사업화하고 세계화를 진행한 사람이 빌 게이츠였지만, 중요한 것은 빌 게이츠가 인터넷을 하기 위하여 황규빈 박사로부터 거액의 특허료를 내고 '네트워킹'의 특허를 샀다는 사실이다.

즉, 지금의 정보사회, 글로벌 사회의 발단에 가장 중요한 역할을 수행한 사람은 빌 게이츠가 아니라, 바로 황규빈 박사의 네트워킹 아이디어이다. 황규빈 박사는 미국 부호 순위 27위였던 뛰어난 한국인이다.


## CT, MRI, PET/조장희

사람들은 몸에 이상을 느낄 때, 좀 더 정밀한 검사를 해보기 위해서 병원에서 확인하는 단계로 CT나 MRI를 찍어 본 사람이 많이 있을 것이다. 의사도 병을 확인하기 위해서는 이러한 의료기술에 의존한다. 현재까지 사람들은 MRI가 최고 수준의 촬영기법이라고 알고 있다. MRI보다 한 단계 높은 수준의 의료촬영술로 PET가 나왔다.

PET(양전자 단층촬영, positron emission tomography)는 주로 암을 발견하는 데 사용하고 있는데, 그 방법은 약품을 정맥 주사하여 그 약품이 종양세포에 흡수되게 하고, 3차원 영상으로 단층 촬영하면 종양세포의 색깔이 다르게 나오도록 하여 구별하는 촬영기법이다. 특히 뇌검사에서는 PET가 아주 우수한 촬영기술로 사용되고 있다. 현재 PET는 세계적으로 의술 분야에서 질병을 확인하는 데 최고이며 최후의 수단으로 인정받고 있다. PET의 등장은 전 세계 의료영상 촬영 분야에 커다란 지각변동을 일으킨 계기가 되었다.

그런데 이러한 PET를 발명해 낸 사람이 가천의과대의 조장희 박사이다. 조장희 박사는 PET를 이용하여 가장 선명한 뇌의 그림을 촬영해 내는 기술을 지금도 열심히 연구하고 있다. 그 또한 세계에 큰 영향을 미친 뛰어난 한국인이다.

## 삼성, 세계 최고 건축→달 기지 건설

인류 역사상 4000년간 이집트의 피라미드는 세계 최고 인공구조물의 위치를 지켜 왔다. 그러나 현재 세계 최고의 건축물은 두바이의 높이 828m인 '버즈 두바이'인데 당분간 그 기록은 깨지지 않을 것 같다. 이 건물을 시공한 기업이 바로 삼성이다. 삼성은 이 건물을 짓는데, 볼트너트 연결의 오차를 줄이기 위하여 인공위성 3대를 이용하여 작업하였다. 적어도 건설업계에서 우리의 삼성은 또 한 번의 큰 획을 그었다. 한국이 건설업계에 있어서 세계 1위인 것은 누구도 부인하지 못할 것이다.

냉전시대에는 각국이 우주 개발을 독자적으로 추진해 왔었는데, 현재 건축 중인 우주 정거장이나 달 기지 건설은 여러 나라들이 힘을 합쳐 공동 작업 중이다.

이 중 달 기지 건설은 현재 그 모델이 미국의 사막에 지어지고 있는 중이다. 이 프로젝트에는 총 7개 국가가 참여하고 있는데, 각 국가는 로켓 분야, 생명유지 분야, 커뮤니케이션 분야, 그 외 여러 기술 분야로 나누어 각 국가가 분담하여 맡고 있다. 여기서 우리나라는 무엇을 수행하고 있을까?

건설 하면 한국이다. 달에 기지를 건설하려면 그 건설자재 모두를 로켓으로 실어 나를 수는 없다. 달 기지도 콘크리트 벽과 벽돌 벽 구조, 바닥 공사 등 건설기술이 필요하다. 건설자재는 거의 모두 달에서 해결해야만 하는 것이다. 그런데 한국의 기업이 달 표면의 토질과 가장 흡사한 표피질을 만들어 내어 달 기지의 건설을 제시하여 채택됨으로써 이 프로젝트에 참여하게 되었다.

한류는 드라마, 음악 등 연예계에만 있는 것이 아니라, 산업과 과학, 의료, 경제 등 여러 분야에서 일어나고 있다.

## 세계 억만장자, 한국인 12명

미국 경제전문지 포브스가 발표한 2009년 세계 억만장자 리스트에 한국인은 이건희 등 12명이 포함되었고, 여기에는 외국의 많은 교포들이 포함되지 않은 통계이다. 이들 갑부들에게는 더 이상 국가적인 경계가 무의미하다. 세계를 대상으로 그 부를 쌓고 경영하고 있다.


## 3. 민족문화의 저력

어떻게 우리 민족은 일제침략기와 6·25를 겪고 완전히 폐허가 된 상태에서 겨우 60여 년이 지난 이 시점에서 이렇게 세계적으로 발전한 나라가 되었을까를 생각해 보지 않을 수 없다.

20년 전 미국 유학시절 때, 각 과에 Top을 차지하는 것은 거의 한국인이나 중국인 또는 인도인이었다는 것이 생각난다. 그러면 어떻게 그들이 미국에서 수많은 타 민족들보다 우수할 수 있었는가? 나의 결론은 그들(한국, 중국, 인도)이 민족문화의 우수성을 몸에 담고 있었기 때문이라는 것이다.

## 태극마크에 대한 오해

한국이 중국문화의 아류라는 사대주의 정신을 일반적으로 이야기하는데, 예전에 미국 대륙 횡단 철도를 박물관에 가서 보니 기관차가 보이는데 기관차의 맨 앞에 태극마크가 붙어 있었다. 미국 횡단 철도는 중국인 노동자가 만들었었는데, 그런데 왜 우리의 태극마크가 거기에 달려 있었을까? 그때 우리 문화가 결국은 중국문화의 아류란 말이었던가 하는 생각을 들어서 연구해 보지 않을 수 없었다.

그런데 태극마크에 대한 시초라고 오해되고 있는 중국 송나라 주렴계의 '태극도설'은 서기 1070년도에 나온 것임에 반해, 우리의 태극마크는 삼국시대인 682년도에도 사용되었다는 것이 감은사 사찰에서 발견되었다.

주렴계의 '태극도설'에서 사용되는 태극마크는 그림(1)과 같은 것인데, 우리나라의 태극마크 그림(2)이 언제부터인지는 확실치 않지만, 중국에서도 우리의 태극마크를 사용하고 있다.

따라서 우리 태극기의 태극이나 나머지 괘가 중국의 기호를 모방하여 만든 것이 아니고 독창적이라는 것이다.

[그림 1]　　　[그림 2]

## 중국 문명의 허와 실, 복희씨,
## 공자의 혈통/아이신(김) 지료(족)

중국 우주관의 근본사상이 주역에 태극이 어떤 모양이었던 간에, 주역 즉 역경을 처음 집필한 자는 은나라의 복희씨였으며, 1000년 이후 역경을 주역으로 집대성한 사람은 공자였는데, 그 둘 다 중국의 한족이 아닌 동이족 이었다는 것이다. 또한 청나라를 지배한 만주족 왕가의 왕족 혈통명은 '아이신 지료' 즉 김족인데 이는 김씨를 의미한다는 이론이 중론이 되고 있다.

## 한국인의 뛰어난 유전자

우리나라의 문화적 우수성은 한글창제만으로도 이미 세계

에 많이 알려져 있지만, 위에서 살펴본 바와 같이 여러 분야에서 역사적으로나 현재에도 한국인의 우수성이 두각을 나타내고 있음을 우리는 확인할 수 있다. 그 우수성의 근본이 무엇인가 생각해 보면 우리 한국인은 어느 민족보다도 뛰어난 정신적 유전자를 가지고 있다고 믿어진다.

# 제10장
## 의료윤리학

의료윤리학은 실천 응용윤리학의 한 분야로서 1970
년대경부터 미국과 유럽에서 꾸준히 논의되어 오다가 현재
는 의료 분야와 관련되는 과학기술, 특히 유전자공학의 발전
으로 인해 한층 더 우리의 실생활과 가까워짐으로써 하나의
특정한 학문분과로 정립되어 논의되고 있다. 실제로 서양 선
진국들의 대학들에서는 의료윤리학이 이미 상당한 기간 동
안 의료계통 학과들의 선수과목으로 지정되어 심도 있게 다
루어지고 있는 실정이다.

Hardware 또는 Wetware의 개념을 떠나, 의술은 기술이기
이전에 인술이라 표현된다. 그러므로 의술과 관련된 모든 계
통(의학, 간호학, 약학, 보건학, 등)의 전문인들은 의료기술자
로서의 정체성을 갖는 것보다는 의료시술 전문인으로서의

소양과 자세를 갖는 것이 바람직하다.

의료윤리학은 생명과 이에 관한 인간의 권리와 의무에 대한 이상주의적 입장과 실용주의적 입장이 서로 대립되어 발생되는 다양한 dilemma – case – study 및 법정판례 모델들이 제시하는 변론과 판결원리들을 논의하는 학문분과이지만 문제해결을 위한 정답을 추구하는 것이 아니라 논의를 해 가는 과정에서 깊은 사려를 통해 성취되는 전문가적 덕목을 고취시키는 것을 목적으로 한다. 의료윤리학은 의료전문인이 필히 연구·경험하여야 하는 전문인 매뉴얼의 한 단원이며 의료전문인이 갖추어야 하는 요건을 최종적으로 충족시키는 분야 중 하나이다.


## 1. 삶과 죽음의 문제


삶과 죽음에 대한 문제는 모든 의료윤리학적 논의들의 토대를 구축하는 가장 근본적인 철학적 문제이므로 우선 삶과 죽음에 관한 개념정립이 필요하다. 우리는 한 생명체를 어느 시점(ex. 수정된 순간 혹은 두뇌의 형성 시점)부터 삶을 영위하려는 권리를 갖는 하나의 주체로 인정할 것인가? 또, 우리는 어떤 조건과 상황(ex. 지속성 coma 혹은 뇌사)에 의거하여 죽음을 정의하고 판단을 내릴 것인가? 이러한 삶과 죽

음에 대한 문제는 이상주의적 태도와 실용주의적 태도가 서
로를 견제하고 대립하며 논의되고 있는 의료윤리학의 근본
문제이지만 의료행위를 수행해야만 하는 현실에서는 결국
잠정적인 결론에라도 도달하여야만 한다.

삶과 죽음에 대한 개념정립하에 임신중절, 인공수정 및 대
리모, 안락사 등의 이슈들이 논의된다. 임신중절과 인공수정
의 문제는 삶에 대한 권리와 생명의 고귀성과 관련된 문제
들이다. 안락사는 환자 본인, 보호자, 및 의사, 셋이 모두 관
련된 문제이다. 안락사는 자의적, 타의적 결정에 의한 안락
사로 구분되며 이들은 또 수동적, 능동적 안락사로 구분된다.
삶과 죽음에 관련된 이러한 문제들은 항상 법적인 문제와
연결되지만 그 이전에 윤리적인 고려가 수반되어 의료인들
의 깊은 사려가 요구되는 문제들이다.


## 2. 유전자 윤리학(Genetics)


유전자공학의 현주소는 게놈 프로젝트의 결과로 그 위치
가 확고히 자리 잡혔고, 앞으로의 발전방향과 연구계획 등이
이미 수립되었으며 지금까지 얻어진 과학적인 결과들만도 이
미 여러 분야의 의료기술에 도입되어 그 성과가 발휘되고 있

다. 지금까지의 공상과학 소설이나 영화는 더 이상 fiction이
아니다. 복제 양 둘리의 출현으로 시발된 유전공학에 대한
이상주의적이며 메타 윤리학적 논거들은 이제는 실제 삶과
직결되어 있는 실용적인 이슈가 되어 버렸다. 생명체의 인위
적 복제가능성 원리가 응용되어 인공수정이 실용의료기술로
사용되고 있으며 신체부위의 복제 배양 원리가 응용되어 안
구의 망막 및 기타 장기이식 수술이 이미 성공을 거두었다.

　이처럼 유전공학의 성과들은 여러 관련 분야들을 비롯하여
특히 의료 분야에서 상당한 응용가능성을 제시하여 실제 의
료기술의 발전이 있었다. 의료기술의 발전은 분명 질병의 치
료라는 긍정적인 결과를 가져다준다. 줄기세포(stem cell)의
배양기술이 의료기술화될 때 분명히 많은 환자들이 혜택을
입을 것이다. 그러나 다른 한편으로 볼 때 기술이란 그 사용
목적과 방향의 옳고 그름이 판단되어야만 한다. 유전공학이
우리에게 제시하는 최종적 두려움은 바로 인간복제의 가능성
이다. 게놈 프로젝트의 결과로 우리는 열성유전자의 조작이나
교체로 많은 질병을 치료하거나 예방할 수 있으나, 다른 한
편으로는 우성유전자만을 소유한 새로운 성향의 신인간 창조
의 가능성도 배재할 수 없다. 우리가 생명체의 본질과 본성
을 조작하여 생명체 디자인을 한다고 할 때 과연 우리는 올
바른 길로만 갈 수 있을 것인가? 이 문제에 대하여 우리는
전적으로 긍정적일 수만은 없다. 게다가 장기이식수술이 보편

화될 때 인간의 신체나 유전적으로 배양된 신체부위에 관해
서는 신체부품이라는 개념이 상정될 수도 있어 생명체의 고
귀성과 적자생존이라는 자연적 원칙이 침해될 수 있다.


## 3. 의료기술 연구와 실험


　　대부분의 경우 과학기술의 연구 발전이 신의료기술의 발
전을 선행하는 경우가 많다. 과학기술의 연구 성과가 의료기
술에 응용되어 신의료기술로 실용화되려면 2차적인 연구와
실험이 필수적이다. 의료기술의 실용화를 위한 연구와 실험
들은 우선 동물실험을 거쳐서 환자들을 통한 임상실험을 통
과하여야 한다. 어떤 의미에서 모든 의료시술은 연구과정적
의미를 갖는다. 이 과정에서 의료기술의 발전을 요구하는 실
재적 요청과 동물과 인간의 생명에 대한 고귀성을 주장하는
이상주의적 윤리관은 지속적으로 연구에 대한 비판과 감시
라는 형식으로 논의되고 있는 의료윤리학의 주요 논점이다


## 4. 의료인과 환자와의 관계


　　환자와 그 환자의 생명과 건강을 책임지는 의료시술자와

의 관계는 종적인 관계가 아니다. 환자와 의료시술자는 각각 의무와 권리가 있다. 일반적으로, 환자는 의료시술자의 지시를 따라야 할 의무가 있고, 환자 자신이 처한 상황과 그에 따른 치료방법을 인지하고 자신에게 적합한 방법을 선택할 권리가 있다. 의료시술자 또한 환자에게 환자의 질병상태를 설명하고 그에 대한 치료 방안들을 설명할 의무가 있고, 환자의 동의하에 시술방법에 대한 최종적 판단을 내릴 권리가 있다. 그렇지만 대부분의 경우 환자와 의료시술자와의 대화는 전문지식의 한계로 인한 장벽이 있어서 문제에 대한 의식의 차이가 있을 수밖에 없다. 그러므로 의료시술자는 가능한 한 환자의 눈높이에서 설명을 하여 결국 그 생명의 주체인 환자가 자신의 상황을 이해하도록 노력하는 것이 바람직할 것이다. 그러나 여러 case study를 통하여 볼 수 있듯이, 의료인은 환자에게 모든 내용을 다 설명하기가 곤란할 경우가 많다. 의료시술자의 설명이 윤리적으로도 질병치료에도 부정적인 역할을 할 경우가 많기 때문이다. 여기서 법의학적, 의료윤리적 문제가 발생할 수 있으므로 의료시술자의 깊은 사료가 요구될 경우가 많다. 의료윤리학에서는 이 문제를 여러 case study를 통하여 논의하여야 한다.

# 제11장

## 동·서의 대일통론

# 1. 동양의 대일통론: 유가

공자가 살아 있던 때에는 공자가 주창한 유가가 사상적으로 사회적으로 국가질서를 유지하는 데 핵심적 구심점을 갖지는 못하였다. 그 시대는 제자백가의 시대라고 불린다.

제자백가에는 유가, 도가, 음양가, 법가, 명가, 묵가, 종횡가, 잡가, 농가, 병가, 소설가 등이 속한다. 제자는 여러 학자를 의미하는데 백가는 그들의 색다른 학풍들을 일컫는 말이다. 수많은 학파 속에서 유가가 살아남게 된 이유 중 맹자의 역할이 크다. 맹자는 가장 강한 필치로 목청을 높여 가며 유가를 주창하였다. 맹자는 "왕이 민심을 얻지 못하면 그는 왕의 자격이 없으므로 죽여 마땅하다"라는 말까지 하였다. 그러한 강한 표현을 한 맹자도 대단하지만 그런 언명을 참아 넘긴 그 시대의 제왕도 참으로 대단한 사람이라고 생각된다.

사실 유가가 정치사회에 원리가 되게 된 사건은 그로부터 400여 년 후 한나라의 동중서가 유가를 정치·사회철학의 중심축으로 내세우면서 시작하였다. 즉 많은 제자백가를 물리치고 동중서가 유가를 국교로 내세우면서 여러 사상을 하나로 통합하는 것이 바로 동양의 대일통론이다.

유가의 명맥은 그로부터 현재까지 지속되고 있다. 한나라는 그 나라를 세우면서 한족의 개념에 중점을 두면서 한자라는 문자의 명칭도 사용하였다. 그 이후 중국은 한족의 개념이 끊이지 않고 현재까지 이어가고 있다. 진시황의 분서갱유와 모택동의 문화혁명을 통해 유가의 서적이 불태워지는 수난을 겪었으나, 유가는 2500년이 지난 현재까지 굳건히 유지되고 있는 중국인의 근본적 생활철학이다.

유가의 중심사상은 피상적으로 인(仁)을 추구하지만, 실제적으로 유가는 형이상적이나 공상적인 사상에 관심이 없고 오로지 현실의 운영에 중점을 두고 있다. 유가도 도가와 마찬가지로 인간이 자연의 일부라고 믿고 있지만, 유가는 인간이 자연의 맨 꼭대기에 있으므로 자연의 변화에 잘 맞추어 자연을 운영한다는 사상에 있어서 도가와 크게 다르다.

유가는 현실 철학으로서 핵심에 효(孝)와 서(恕,) 그리고 가족주의가 있다. 효는 종적인 윤리의 원리이고, 서는 횡적인 윤리의 원리인데 둘이 합치면 공간성을 이루게 된다. 결국 가족은 효와 서를 기본철학으로 구성하게 되며, 대부분의 사람들이 사회에 나아가기 전에 최초의 교육단위이다. 그리고 동시에 사회의 최초 단위이기도 하다. 가족중심제를 강조하던 한나라에서는 대가족제도를 분가시켜 가족중심제로 자녀양육을 신경 쓰는 인구정책을 사용하였다. 그 결과로 한나라의 인구는 당시 5,700만명에 이르게 된다.

중국이 북방 몽골리안들이나 동이족, 남방의 티베트 등 거친 유목민족들과 잦은 분쟁과 전쟁 속에서 살아남을 수 있던 이유 중 하나는 중국의 막대한 인구라고 볼 수 있고, 이 인구정책의 핵심에는 공자의 가족주의 정신인 유가가 자리 잡고 있다.

2000여 년이 넘은 지금 현재에도 중국의 땅 크기는 유럽만 한데, 유럽이 40여 개국이 넘는 국가들로 이루어진 반면, 중국이 단 하나의 문명과 국가를 유지할 수 있는 큰 이유가 유가의 영향이라는 것을 부인할 수 없다.

## 2. 유럽의 대일통론: 기독교

기원전 그리스의 학풍도 중국의 제자백가가 겪었던 상황과 동일하게 여러 학파로 나누어져 있었다. 우주의 불변을 추구하는 탈레스와 아낙스메네스, 우주의 변화를 추구하는 헤라클레이토스, 우주의 원리를 수학으로 해결하려 하는 피타고라스, 우주의 아르케가 원자였다고 주장한 데모클레이토스 등 그 외에도 우리가 궤변론자라고 부르는 소피스트들이 많았다. 그렇지만 학풍과는 상관없이 그들은 모두 이성(reason)이라는 게임의 룰을 모두 따랐다.

소크라테스(B.C. 469)와 플라톤 그리고 아리스토텔레스가 이성을 중심으로 경험적 학문의 장을 열고 또 에피쿠로스는 쾌락주의로 물질론적 원리를 제공하였으며, 아리스토텔레스는 아카데미 운영을 지속하였다.

아리스토텔레스 이후 스토아학파가 생겨났는데, 주요 인물로는 제논이 논리학과 물리학, 윤리학 탐구에 힘썼지만, 윤리학에 가장 심열을 기울이며 궤변론을 계속적으로 주장하였다. 아리스토텔레스 이후에 철학의 정점은 프로티누스인데 그는 인간과 영혼에 관심이 많았고, 결국 일자(一者, monism)로서의 신의 개념에 이르게 된다. 서양철학은 프로티누스 이후부터 쇠퇴기를 맞게 되는데, 기독교가 로마의 국교가 될 때까지 잠재기를 거친다.

　콘스탄티누스 대제가 로마를 처음 정복하여 국가의 반석에 올린 후, 그리스도교로 정치군사철학의 대일통론을 이룬다. 우리의 군대가 신의 명을 받고 움직이는 군대라면 우리는 패배하지 않을 것이라는 자명한 원리를 내세운다. 그러므로 콘스탄티누스는 전쟁마다 대승을 거두어 거대한 로마제국을 세우고, 그 수도를 콘스탄티노폴리스(터키의 이스탄불)라고 이름 짓는다.

　로마와 희랍의 마지막 철학자인 보에티우스(480) 이후 희랍철학은 침체를 맞아 이를 르네상스 시절까지 철학의 암흑기라고 부른다. 신학자인 토마스 아퀴나스(1225)는 "철학은 신학의 시녀이다"라고까지 말하게 된다. 로마는 거대한 국가를 운영하기 위하여 수없이 많은 전투를 벌여 왔는데, 그 전투 때마다 귀족은 자신들의 자식들을 전쟁터로 합류시켰다. 여기서 나온 용어가 바로 '노블리스 오블리제'라는 말이다. 전사하는 귀족이 너무 많아지자 지도층의 공백이 생겼고 로마는 시민들을 관리하기 위하여 콜로세움이라는 그 유명한 격투기장을 만들기도 하였다.

　이러한 로마는 15세기까지 교황이 신권을 쥐고 성경에 대한 유일한 해석자로 군림한다. 15세기 말 구텐베르크가 인쇄술을 발명하자 종이로 만들어진 성경이 유럽을 돌기 시작하였으며, 이는 성경에 대한 색다른 해석들이 나오게 되어서 종교적 혁명이 일어나기 시작한다. 더구나 사람들의 민도가 높아지면서 그 옛날 희랍철학자들처럼 성경이 아닌 이성으로 자연을 공부해 보자는 운동이 시작되는데, 이것이 바로 르네상스이다.

르네상스란 직역하면 '재건'이라는 의미인데, 이것은 희랍철학의 이성적인 방법을 복원하겠다는 학자들의 의지가 보인다. 르네상스의 바람을 타고 유럽에 몰려온 것이 지금 우리가 명명하는 모더니즘이다. 신학보다도 과학과 천문학을 중시하고 철학도 논리적으로 논의해 나아가는 새로운 스타일의 철학적 사고방식이 생겨나게 된다. 이를 대표하는 인물이 현대 철학자의 아버지라고 불리는 데카르트이다. 그렇지만 데카르트 이후 헤겔까지도 유럽 철학자들의 학문에는 신학적 배경이 깔려 있어서 결론에는 항상 신의 존재와 능력에 의존하게 된다.

콘스탄티누스의 기독교로의 대일통론은 우리 현대사회에서 19세기 말까지 그 영향력을 미친다. 그때까지 서양철학은 신학의 우산에 가려 있었다고들 말한다. 그리스철학의 기본적 형태는 STATEMENT, WHY, BECAUSE, REASON 식의 논증구조였는데 신학에서는 'WHY'가 용납되지 않는다. 성서에 한 STATEMENT가 있으면 이유를 달지 말고 무조건 믿어야 하는 것이다. 이 무조건적 믿음이 신학의 힘의 원천인 것이다. 이 점이 1000년 동안 서양철학이 발전하

는 것에 대한 커다란 걸림돌이었다. '무조건', '분명' 같은
단어들은 현대과학자나 사상가들이 사용하기를 꺼리는 단어
들이다.

# 제12장
## 현대 시민혁명과 미·소 냉전주의

현대 시민혁명이란 주로 국왕제, 계급제, 노예제 등에 반대하는 시민운동이다. 천상천하 유아독존이라는 용어는 불교에서 온 용어인데, 중국에서는 이를 받아들이기를 하늘 아래 유일한 한 명의 왕이라는 비평등주의를 표방하고 있다. 18세기 말 세계 여러 곳에서는 자유와 평등, 재산, 소유권 등에 대한 혁명이 일어났는데, 그중 성공한 경우가 프랑스혁명이라 할 수 있을 것이다. 결과적으로 우리는 현대문명에 이르게 되었고 또, 우리의 현대사는 미·소 냉전주의라는 인류가 양극화되었던 시대를 견디어 내야 했다.

# 1. 중국에서의 혁명

중국에서는 2500년 동안 모택동의 공산주의 혁명 이외에 그 어떤 혁명도 없었다. 그 기나긴 역사 속에서 중국의 각 왕조들은 혁명이 일어날 만큼 길게 지속된 왕조도 없었고, 외세의 침입에 의해 4번 원나라, 요나라, 금나라, 청나라(모두 몽고족)의 지배를 받은 기간 아래에 혁명이란 있을 수 없었고, 한족이 지배하던 수, 당, 송, 명나라 같은 태평시대에도 중국 정부는 조짐이 보이면 노예해방을 통해서 혁명의 불씨를 꺼 왔기 때문이다.

현대에 들어서 중국의 현대화가 늦어진 이유가 유가적 입장에 입각한 통치정신 그리고 지구상의 여러 나라 중 자신이 최고 상좌에 있다는 자만심이 프랑스 혁명이 일어날 때까지도 중국 지식인이나 사상계에서 중론을 이루고 있었기 때문이다. 서구 세력이 현대혁명을 일으켜 왕권국가가 아닌 민주주의, 주권국가로 바뀌게 되자, 사실상 문화, 경제, 군사력 수준에서 중국을 압도하여 나아갔으나, 중국은 이를 아편전쟁이 일어날 때까지 인정하지 않았다.

## 2. 프랑스 혁명의 정신적 구동력

인류역사상 그 어떠한 변화나 혁명은 그들을 받쳐 주는 중심사상이 존재한다는 점을 우리는 잊지 말아야 한다. 프랑스 혁명 또한 절대적인 사상적 기반이 있었기에 지루하게 혁명을 이끌어 나아갈 수 있었고, 결국 시민들이 승리할 수 있었다. 그 주요 사상들을 살펴보자.


### 에피쿠로스의 쾌락주의

쾌락주의란 한글로 번역되어 쾌락을 추구한다는 의미가 있어 보이지만, 보다 정확한 의미는 행복(happiness)을 추구한다는 희랍의 철학자 에피쿠로스의 이론이다. 에피쿠로스 이전 학자들은 이상과 현실 사이에서 이상적인 것에 더 무게를 두었고, 이에 반대한 에피쿠로스는 본인의 만족감이 행복의 척도라고 생각하였다. 희랍철학에 있어서 에피쿠로스는 최초로 유물론을 주장한 학자이다. 이상적으로 아무리 만족하여도 유물적으로 만족하지 않다면 우리는 행복하지 않다고 주장하는 현실주의 철학이다. 에피쿠로스는 현대에 팽배해 있는 물질주의의 원조이다.

## 존 로크의 소유권 개념

자연상의 그 어느 것도 원래부터 한 인간의 소유인 것은 없다. 그러나 로크는 주장한다. 그 자연 대상에 인간의 노력과 힘을 더하여 쓸모 있는 재산이 되었을 때, 땅이건 그 어떤 자연재료라도 그 노력을 첨가한 자가 소유권을 갖게 되는데, 한 번 소유권을 갖게 되면 그것은 양도, 판매, 상속이 가능하다는 것이다.

인간의 손이 묻지 않은 자연적인 재료들에 대한 소유권의 개념은 유럽 제국주의자들이 제국주의를 넓혀 가면서 미개발 국가들의 자연적 자산들을 소유하게 되는 사상적인 명분을 제공한다. 개발되지 않은 자연물을 제국주의가 개발하였으므로, 그 제국주의에게 소유권이 있다는 것이 존 로크의 소유권 개념이다.

## 제러미 벤담의 공리주의

공리주의는 숫자의 원리이다. 무엇이 옳은가를 결정할 경우 많은 사람들이 행복해지는 방법을 선택하는 것이 옳은 방법이라는 것이다. 예를 들어 100명 중 51명이 행복하고, 49명이 불행하다면 공리주의 원칙대로라면 51명의 의견을

취하는 것이 원칙이다. 이 또한 쾌락주의처럼 비이상적이며, 현실적인 사상이다.


## 존 스튜어트 밀의 공리주의

밀은 벤담의 제자이다. 밀은 벤담의 공리주의를 한층 성숙시키는데, 그 방법은 단순히 숫자만 따지는 것이 아니라, 행복의 질도 따져야 한다는 것이다. 분명 보다 성숙된 사상이지만, 판단을 내리기에는 누군가의 주관적인 판단력이 필요할 수밖에 없다. 숫자와 질을 같이 따진다고 하니 어느 한 선에서는 숫자나 질 어느 한 곳에 무게를 두어야만 결정이 가능하다.

밀이 남긴 유명한 언명은 이를 잘 나타낸다. "배부른 돼지가 되느니, 배고픈 소크라테스가 되겠다." 이 언명이 말하듯 스승인 벤담이 말한 단순한 숫자개념으로는 판단의 성숙성을 이룰 수 없다고 생각했다는 것이다.


## 장 자크 루소

프랑스 혁명의 관련 사상가 중 유일한 프랑스인으로서 루소는 프랑스 혁명에 가장 큰 구심력을 더하여 주었다. 그의 언명인 "나는 책을 싫어한다. 왜냐하면 책은 나로 하여금 모르는 것도 아는 것처럼 말하게 만든다"에는 두 가지 중요한 의미가 있다. 첫째, 인간이 지금까지 쌓아 놓은 지식이 책에 기록되어 있는데, 책 속에 기록되어 있다고 하여 모든 내용이 진실은 아니라는 것이다. 둘째, 우리가 의심 없이 믿고 있는 현재 사회, 정치, 국가의 체계가 옳다고만 볼 수 없다. 우리 모두는 이 사회 속에서 기존 시스템에 맞도록 교육받아 그 시스템의 틀 안에서 벗어날 줄 모른다는 것이다. 이것은 현실의 계급주의적, 귀족주의적 국왕제에 문제가 있음을 암시하는 바이다.

## 3. 주변 국제상황

프랑스 혁명 직전에 미국에서는 미국 대 영국의 독립전쟁이 진행되고 있었다. 여기에 프랑스가 미국 편에 서서 독립전쟁에 참여하게 되었는데, 그 과정은 미국의 수뇌부 중 한 명인 벤자민 프랭클린이 뛰어난 언변으로 루이 16세를 설득하여 이루어진 것이다. 그 전쟁의 결과로 미국은 독립을 하였고, 프랑스도 그 대가로 캐나다 일부를 획득하였으며, 이득은 있었으나 왕가가 재정파탄에 이르게 되어 왕권이 몰락하게 된다. 아이러니컬하게도 조지 워싱턴 대통령이 미국 초대 대통령에 취임하는 해에 프랑스에서는 프랑스 혁명이 발발하게 된다.

프랑스 혁명의 모토는 왕권제 타파, 귀족정치 타도, 신권분리, 노예해방, 시민 평등제 등이다. 이 혁명은 1794년에 왕가와 귀족들을 처단하고 끝이 나는 듯하였으나, 나폴레옹이 정권을 잡으면서 스스로 황제 자리에 등극하게 되면서, 프랑스 혁명의 목적 자체가 무산된다.

그러나 나폴레옹이 워털루 전쟁에서 패배하고 그 세력이 약화되면서 지속적으로 혁명군과 여러 차례 정권 쟁취가 있었으며, 결국 1848년 루이 필리프가 타도되면서 프랑스 왕국은 종말이 이루고, 프랑스는 시민정부를 수립하게 된다.

## 4. 프랑스 혁명 이후 유럽 국가들의 움직임

프랑스가 혁명에 성공한 것은 역사적으로 왕권주의의 몰락을 의미한다. 당시 유럽 대부분 국가들은 왕권제를 유지해 왔으며, 귀족과 교회가 정치에 참여해 왔었다. 시민들은 신분의 평등을 보장받지 못하고, 봉건제후의 금전적 탈취의 재물이 되어 왔었다. 프랑스가 혁명에 성공하여 인권평등이 보장되는 시민정부가 들어서는 것을 보고서, 유럽 각국들은 현대화를 진행시킨다.

산업적으로는 영국에서 발명된 와트의 증기기관으로 대량 생산화를 가능하게 하는 공장들이 들어섰고, 그 공장들을 운영하기 위한 많은 자원이 필요하게 되었다. 유럽 내의 자원에 한계를 느낀 현대화된 유럽 국가들은 아직도 미개발된 국가들로 쳐들어가서 자원을 탈취해 오는 제국주의가 팽배해졌다. 결국 유럽은 부가 사회적 지위와 권력을 안겨주는 자본주의 원칙의 산업국가들로 변화하여 갔다.

독일계 유대인인 칼 마르크스(1818~1883)는 산업화, 자본화되어 가는 유럽의 현실을 직시하고 『자본론』이라는 책을 쓴다. 자본론의 주제는 산업화, 자본화되어 가는 현재 상황의 유럽은 자본주의의 원리에 의하여 멸망하게 될 것이라는 예언이었다. 자본주의의 원리는 끝없는 성장을 포함한다. 인플레이션이 없으면 자본주의는 멸망한다는 것이다. 오늘보다 싸고 질 좋은 제품이 내일 나와야 하고, 지속적으로 발전된 제품이 나와야만 자본주의는 멸망하지 않는다. 마르크스가 주장하는 자본론의 원리를 자전거에 비유해서 표현해 본다면 "자전거가 전진해야만 설 수 있고, 정지하면 쓰러진다는 원리"이다.

자본주의의 원칙에 걸림돌이 되는 마르크스는 독일에서 프랑스로 추방되고, 또 프랑스에서 영국으로 추방된다. 그곳에서 빈곤하게 생을 마감하지만, 또 한 권의 책을 남긴다. 그것이 바로 『공산당선언』이다. 이 책에서 마르크스는 시민을 프롤레타리아(육신의 노동으로 사는 사람)와 부르주아지(자본을 운영해 사는 사람)라는 두 층의 시민으로 구분한다. 부르주아지가 부를 쥐고 프롤레타리아의 노동력을 착취하는 것을 잘못된 구조라고 주장하며 모두가 공동으로 생산하고 공동으로 분배한다는 공산주의 이론을 내놓았다. 공산주의에서는 평민 모두가 Comrade(동무)라는 명칭을 쓰며, 남녀 모두 동급의 사회적 위치를 지닌다는 것이다. 그러나 마르크스의 책은 도서관에서 50년간 독자들에게 소외를 받지만, 그의 책 중 자본론이 레닌에 의하여 부활된다. 그때까지 국왕주의를 고수하던 러시아에서 레닌은 마르크스의 공산주의 원리를 원동력으로 하여 프롤레타리아 혁명(1917년)을 일으킨다. 이로써 소비에트 정부(소련)가 최초로 수립된다.


## 5. 제2차 세계대전 이후의 냉전과 양극화


제2차 세계대전 말엽 전쟁의 최대 피해 국가인 소련과 미국, 영국이 얄타회담을 갖는다. 주요 주제는 패국인 독일인들을 어떻게 관리할 것인가였는데, 새롭게 떠오르는 세력인 소련과 미국은 자국의 국제적 영향을 높이기 위하여 영국의 처칠을 종용한다. 그 내용은 지금까지 유럽의 구제국주의 국가들은 미개발 국가들로부터 착취를 중단하고 독자적 정권을 인정하라는 내용이었다. 처칠은 정확한 동의는 할 수 없었으나, 당시 상황이 소련과 미국 위주로 돌아가는 것이 사실이었다. 여기서 한국의 6·25전쟁이 일어나는 것이다. 한국 한반도에서 미국과 소련은 힘겨루기를 한다. 그리하여 한국은 분단된 국가로 남게 되며, 이것이 지구상의 냉전주의의 시작이다.

실제로 냉전시대에는 모든 노력을 군비확장에 주력하였고, 로켓 개발, 우주 개발조차도 미·소 양국의 경쟁구도에서 이루어졌다. 당시의 상황으로는 그 어느 사상가나 인류학자도 공산주의 시스템과 민주주의 시스템 중 어느 것이 살아남을 것인지 아무도 예측하는 것이 불가능하였다. 그러나 지구의 역사는 1992년 소련의 붕괴로 하나의 큰 코너를 돌게 된다. 이제는 더 이상 이 세상이 냉전체제가 아니다.

선진국이 모두 매달려 주력하는 우주과학 산업도 이제는 각자의 연구가 아니라, 국가를 초월한 합동연구가 되어 버렸다. 미국은 이제 지구상 유일의 강대국이며, 그 힘을 유지하는 것도 중요하지만, 지구의 평화를 유지하는 것도 미국의 의무가 되었다. 각국은 이제 국경을 넘어 자본주의를 확장하고 있다. 현실은 부만이 결국 최고의 권력이 되고 있다.

이제 지구촌이란 단어, 글로벌이란 단어의 사용이 빈번해
졌으며, 또 인터넷으로 세상의 지식망이 모두 연결되어 장자
가 말했던 모두 얽혀 있는 세상이 된 것이다. 달 기지를 건
설하는 프로젝트도 선진 7개국이 협동으로 진행하고 있다는
것이 그 좋은 예이다.

# 제13장
## 생명과학으로 해석하는 동양사상

생명체 복제라는 이슈는 동양의 음·양론의 절대성을 정면으로 논박할 수 있게 하는 과학으로부터의 유용한 메시지이다. 이 지구의 수많은 생명체들 중 훨씬 많은 수의 생명체들이 무성생식을 한다는 것이다. 그러므로 결론은 동양의 음·양론은 절대 유일한 생식원리가 아니라 세계를 이해하는 사유유형 중 한 가지 방법이라고 볼 수 있다.

동양철학을 연구하는 사람들은 음·양이라 하면 오행과 합쳐서 주로 음양오행론을 논하지만 본 연구에서는 음·양론만을 논하고자 한다. 우리는 자연계의 구성과 현상들을 음·양론의 체계에 맞추어 인식하여 만물의 변화와 생명의 생성 또한 음·양의 조화 속에서 일어난다고 생각하므로 암·수의 조화개념도 여기서 나온 것이다. 이 음·양론적 해석방법을 2000년 이상 고수하여 왔으니 음·양론은 중국인들과 동양인들의 사고방식에는 마치 유전인자같이 뿌리박혀 있는 세계관, 생명관의 근본원리라 할 수 있을 것이다. 그런데 중국인들은 왜 그토록 음·양론적 해석에 걸맞지 않은 수많은 경험적 지식에도 불구하고 음·양론을 세계를 인식하는 절대적 지표로 유지하여 왔을까? 그것은 일종의 고질적 매너리즘 같은 것일지도 모른다. 지금 와서 수평선이나 지평선을 보면 누구나 둥글다는 것을 볼 수 있고 과거의 사람들도 마찬가지였을 것인데 현대과학이 입증하기 전까지 사람들이 지구가 평면형이라고만 믿어 온 것도 같은 맥락의 것으로 보인다.

생물학적으로 보자면 암·수의 조화로 이루어지는 것이 아닌 무성생식이 이 지구상엔 월등히 많다. 오늘날의 우리를 포함한 과거의 동양철학자들은 과학에 귀 기울이지 않았다. 현대과학이 입증한 대로 이젠 난자만 있으면 암·수 구별 없이 체세포핵 흡착을 통하여 생명체를 생성시킬 수 있다. 음·양 중에 '음'만으로도 생식이 가능하다는 것이다. 인간의 조작으로 탄생된 생명체들의 성향은 아직은 관찰 중에 있다고는 하지만 '음'만으로 생명체가 탄생된 이상 생명체에 대한 음·양이론은 재평가되어야만 한다고 본다. 인간도 자연의 일원이라고 볼 때 모든 인간사는 자연현상의 일부라고 볼 수 있고, 무한히도 다양하고 변화무쌍한 이 대자연의 현상들 속에서 생명체 복제(clone reproduction)도 인간의 발명으로 볼 것이 아니라 그동안 몰랐던 또 하나의 자연현상을 발견한 것으로 보는 것이 어떨까 생각한다. 인간이 개발해 낸 그 어떤 과학기술도 자연의 원리에 어긋나는 것은 없다. 우리가 늘 먹는 감자나 고구마가 무성생식을 하는 것을 보면서도 우리는 왜 음·양론에만 매달려 있었던 것일까?

동양의 음·양론적인 생명관과 세계관을 바탕으로 남자를 'giver'로 보고 여자를 'receiver'로 보아 온 전통적 종적인 남·여관은 이제 바뀌어야 할 것이다. 생식의 주역은 여성의 '난자(이하 egg)'의 몫이다. '3억 개의 정자' vs '한 개의 egg'라면 당연히 그 'egg'가 주인공이다. 과학의 현주소에서는 이론상 여자는 홀로 생식할 수 있지만 남자는 못 한다. 여자는 생식에 대한 우월성을 갖고 있다. 여자는 'receiver'가 아니고 'maker'이다. 약 100여 년 전 서양에서 미시생물학이 바이러스에 대하여 알아냈을 때 우리는 그때 벌써 생명체에 대한 한 음·양론이 절대원리가 아니라 단지 한 가지 해석방법일 뿐이었다고 바로 이해했어야 했다. 철학은 과학이 알려 주는 내용들에 항상 관심을 가져야 한다. 뉴턴 이후 서양철학은 과학이 제시해 주는 자연에 대한 이론들을 수렴하는 자세로 과학이론의 변화의 뒤를 밟아 가며 변화해 왔다. 그러나 『주역』(경)전에 기초를 두고 있는 중국철학의 세계관과 생명관은 과학과는 무관하게 2000년 이상이나 음·양론의 명맥을 유지해 왔다.

이 장에서 주장하는 바는 이제는 중국철학도 첫째, 음·양론에 기초한 종적인 전통적 남·여관을 고쳐 잡아야 된다는 것이고, 둘째, 과학이 제시하는 세계의 모습과 새로운 시각을 수렴하여 자기반성을 하며 필요에 따라서는 전통적 체계에서도 벗어날 수 있어야 한다는 것이다.


## 1. 모계중심의 무성생식설


동양의 음양생식의 절대논리는 주대 이후 굳어진 부계중심사회의 산물이고 그 이전 모계중심사회에서는 음양이성생식의 절대성을 인정하지 않고, 의외로 여성단독으로 생식이 가능한 '무성생식설(관)'[1]과 좀 미신적 이야기지만 이른바 '천신강생설화(天神降生說話)'가 있었다. 이제 그런 기록들을 살펴보면 『장자』 도척 편에 "신농(神農) 때에는 사람들이 그 어미는 알아도 아비는 몰랐다. 모계중심이었기 때문이

---

1) 이 용어는 암·수 양성이 교접하여 생식을 한다는 유성생식론과 정반대되는 현대 생물학 용어이다.

다"2)라고 했다. 그래도 여기서는 부의 존재를 아주 배제하고 있지 않고 있지만, 특히 씨족 시조의 탄생설화에서는 아예 남(부)성의 존재가 배제되어 있는 경우가 많다. 『춘추공양전』에 이르기를 "성인은 모두 아비가 없다. 그들은 어머니가 하늘이나, 신, 이물기적(異物奇蹟)과 교감해서 태어났기 때문이다"3)라고 했다. 구체적 예로 "은나라 시조설은 그의 어미 간적이 목욕하다 현조가 떨어뜨린 알을 삼키고 회임했으며, 우임금의 어머니는 의사를 삼키고 회임했으며, 주나라 강원은 들에 나갔다가 거인의 발자취를 보고 마음이 동하여 그것을 밟고 회임해 자식을 낳았다고 했으며, 『시경』 숭고 편에는 숭고산은 높아 그 높이가 하늘에 닿았다. 그 산에서 신이 내려 보와 신을 낳았다"4)고 쓰여 있다.

이는 모두 '천신강감설(天神降感說)'의 일종인데 여기에서는 상대적으로 남(부)성의 존재를 비하하여 성인의 탄생을 신성시하기 위한 설화에 불과하지만, 당시의 생식관은 음양 대대의 횡적 관계와는 달리 모든 생명의 탄생을 하늘로부터 강생하는 종적 수수(授受) 관계로 보아 이원이 아닌 단(일)원으로 본 것 같다. 생각해 보면 유가는 생명의 근원을 천지로 보지만 도가는 그 천지가 부판(剖判)되기 이전의 혼돈을

---

2) 『莊子』 盜跖 편 "神農之世 民知其母 不知其父"
3) 『春秋公羊傳』, "聖人無父 感天而生"
4) 『史記』 殷本紀. 帝王世紀. 周本紀. 詩經, 崧高 편 등 참고.

생명의 시초로 보기 때문에 양성이 아닌 단성생식의 가능성을 생각한 것 같다. 그 대표적인 예가 최초로 만물을 생성한 신으로 여성신인 여와설화5)의 탄생이다. 고대 민족들의 창생신화에 공통적으로 여성신이 등장한 것을 보면 음양남여 이성의 '화합생성론'이 형성되기 이전에는 먼저 여성만의 단성생식의 가능성을 믿었던 것 같다. 그러던 것이 동양의 경우 '천지우주관' 즉, 음양이기의 상수대대와 남녀교감구정이 생식의 절대원리로 굳어지면서 여성 위주의 단성생식 설화는 미신으로 도태되어 버린 것이다.

그러나 그러한 전통이 남아 있어서인지 역전의 음양이기의 '상반상성론'이 보편화된 이후에도 단성생식의 가능성을 주장한 이가 있었으니 상수역의 대가 경방이다. 그는 "양이 음에게 베풀지 않아도 음은 그의 공능만으로 단독 만물을 변화 생성할 수 있다"6)고 역설했다. 이런 학설은 그동안 무시되어 왔으나 오늘날 서양의 과학에서 무성생식이 가능하다는 설이 제기되고 있어 다시 논구되어야 할 것으로 본다.

---

5) 『說文解字』, 女蝸, "蝸, 古之神女 化萬物者也"

6) 『京房易傳語』, "陽雖不施 而陰道獨行 以成萬物", 이 말은 현존하는 『京房易傳語』에는 보이지 않으나 『춘추공양전』 莊公 31년條 주에 『京房易傳語』에서 인용되었다고 나와 있음.

## 2. 음양생식론의 형성과정과 그 특징

주대 이후로 동양의 우주관은 '천지우주관'[7]이라 특징짓
는 것처럼 우주라는 총체통합의 '일(하나)'은 천지라는 두
개의 서로 다른 성능의 실체가 어우러져서 공간구조의 정체
성과 시간변화의 공용성을 모두 갖춘 '일'이 된다고 보았다.
말하자면 동양의 우주관은 어느 유일절대의 '일'에 의해 창
생유출(創生流出) 되는 것이 아니라, 총체적 '일' 안에 성능
이 각기 다른 이기二氣(음·양)가 서로 교류화합해서 변화
생성하는 것으로 보았다는 것이다. 이것이 동양 특유의 '일
이이 이이일(一而二 二而一)'이라는 논리가 형성된 배경이
며. 또한 '천지우주관'의 기본원리(내용)로 음양이기의 상수
대대(相須待對)적 생성론이 '천지운행변화'에서부터 '만물화
합생성' 등 모든 사물의 존재이치를 설명하는 데 하나의 보
편적이고 간편한 사유의 틀(공식)로까지 자리 잡은 기인이기
도 하다. 그런데 이러한 '천지우주관' '음양이기생성론'은 중
국고대로부터 춘추전국시대의 긴 발전과정을 거쳐 진한지제
(약 B.C. 250~150)에 이르러서야 완성된 이론이다. 이제 그
음양이기개념의 발전과정을 간추려 보면 다음과 같다.

　음·양이란 문자의 출현은 『설문해자』에 의하면 처음에는

---

7) 김용옥, 『도올선생 중용강의』에서 사용된 키워드 중 하나.

구름이 해를 가린 흐림을 상형한 음(黔)과 해가 쨍쨍 내리쪼이는 햇볕을 상형한 양(昜)으로 주로 천기(일기)에 관해 표현되다가 지상의 산언덕에 의해 양지와 그늘이 생기는 것에 착안 부(阜, 언덕)방을 더해, 지기(地氣)를 포함한 음양자로 확정된 것이라 한다.8) 이는 다시 춘추시대 기상기후를 포괄하는 기 개념의 등장으로 이른바 육기(六氣)9) 중의 이기로 국한되다가, 나아가 천지개념과 연결, 한서온량(寒暑溫涼) 등 기후가 바뀌는 춘하추동의 사계절을 교체 순환하게 하는 원기, 천지만물을 변화 생성하게 하는 이기로 발전, 성질과 작용을 겸유하게 되었다. 이는 전국 말 '음양가(陰陽家)'에 의해 천지만물을 구성하고 유행하는 상반실체이면서 상성공능을 갖는 근본원리로 자리매김되고, 이어 한대의 더 발전된 음양우주관에 이르러서는 음양이기가 우주만물의 변화생성의 원기임은 물론 남·여, 자·웅 등 이성(二(異)性)의 생식에 서부터 선악, 호오, 득실, 성패, 등의 사리(事理)…… 군신상하, 군자소인, 정사굴신(正邪屈伸), 등 정치사회의 관계질서와 가치판단의 준거로까지 전 방위적으로 적용되지 않는 영역이 없을 만큼 보편절대의 원리가 되었다.

이러한 음·양론의 발전(완성)에서 가장 대표적으로 제기된 논리가 음·양이기의 상수대대와 남녀자웅의 교감구정(交

---

8) 『說文解字』 11, 下 雲部. 9, 勿部 및 14, 阜部 참조
9) 『春秋左傳』 昭公元年條, "六氣曰 陰陽風雨晦明"

感構精)을 절대원리로 하는 '음양생식론(무성생식설에 정반대되는 유성생식설)'이다. 『역전』 계사에서 말하기를 "하늘의 길은 남성이 되고 땅의 길은 여성이 된다", "하늘과 땅의 기운이 순환 운행해서 만물이 변화 생성하고, 남녀가 교감 구정해서 생명을 잉육(孕育)한다"10)고 하였다. 이것이 아마도 '음양생식론'의 단초가 아닌가 한다(순자가 "천지가 상합해야 변화가 일어나고, 음양이 교접해야 생명이 나온다"11)고 한 말도 이 범주에 속한다고 본다). 천지음양이기의 변화생성논리는 남녀자웅이성의 교감구정이라는 구체적 생기(生機) 현상을 통해 실증된 셈이다. 부계중심 사회에서 생명의 영구지속과 무한번식을 부부중심의 가정에서 찾은 유가에 있어서 이는 여간 중요한 문제가 아닐 수 없었다. 그리하여 이음·양가의 '음양생식론'은 이후 유가철학에 흡수되어 인륜지대사(人倫之大事)12)로 자리매김되었다. 『주역』 가인괘 단사에 "아내는 안에서 남편은 밖에서 서로의 위치를 정하고 자식을 낳아 기르고 가문을 열어 대를 이어가고 사업을 이루는 것은 그 의의가 천지가 우주만물을 하염없이 생성해가는 이치와 같다"13)고 하여 남녀가 어우러져 구성되고 생

---

10) 『易傳』, 繫辭 上: "乾道成男 坤道成女", 繫辭, 下: "天地絪縕 萬物化醇 男女構精 萬物化生"

11) 『荀子』, 禮論 편: "陰陽接而變化起"

12) 『易傳』, 序卦傳, "有天地然後有萬物 有萬物然後有男女 有男女然後有夫婦 有夫婦然後有父子. 君臣上下"

존되는 가정을 우주생명 생존의 궁극적 기본단위로 본 것은
음·양, 남·여 생식론의 절대화라고 하겠다.

이후 이 '음양생식론'은 음양남녀의 필수대대와 필수교감
이라는 절대조건으로 굳어졌다. 『태평경』에 이르기를 "음이
없이 양만으로는 생식이 불가능하다. 똑같이 양 없이 음만으
로도 생식이 불가능하다."14) 이것이 '독양불생독음역불생(獨
陽不生獨陰亦不生)'의 논리이다. 또한 음과 양이 다 있다
하더라도 남녀자웅의 교감구정관계가 일어나지 않으면 역시
생식계대(繼代)는 불가능하다. 그러므로 한 가정을 구성하는
데는 반드시 남(양)녀(음) 이성(二性)이 갖추어져야 하고 부
부의 화합이 있고서야 생육이 가능하다. 천하사는 보편적으
로 이 음양이기의 교접생식을 통해 생성이 지속되는 것이라
고 했다. 그 예로, 소옹이나 장재 같은 성리학자들도 음양상
수대대와 상반상성 그리고 남녀자웅의 교감구정이 생식계대
의 절대조건임을 역설하는 등 유가에 있어 음·양론은 생식
론으로 집약됐다.15) 공자를 생식주의 철학자로 특징짓기까지
(李石岑은 그의 저 人生論에서 공자를 생식주의 철학자로
불렀다.) 하는 것은 이 때문이다. 이러한 음양론의 개관은

---

13) 『易經』, 家人卦 彖辭, "女正位乎內 男正位乎外 男女正 天地之大義也"

14) 『太平經』, 三合相通訣, "…故有陽無陰不能獨生…有陰無陽亦不能獨生 有
陰有陽而無和 不能傳其類"(新文豐本 正統道藏 41책 169쪽)

15) 邵雍, 『皇極經世』, 觀物外 편 "陰陽相生也, 體性相須也, 是以陰去則陽竭,
陰盡則陽減, 陽不能獨立, 必得陰陽以後立, 故陰以陽爲基, 陰不能自見, 必
得陽以後見, 故陰以陽爲唱"

현대에까지도 동양사상에 살아남아 현대 서양학문까지 섭렵을 한 동양철학의 대가인 Fang, Thomé H.도 그의 저서에서 음·양의 조화가 모든 생명체들의 근원임을 다음과 같이 말하였다: "……음과 양은 열정적으로 사용하기 위하여 그들의 에너지를 서로 응축시킨다. 조절이 된 상태에서의 이 엄청난 에너지의 활용이 일치와 조화의 형성이 일어나도록 하여 그 속에서 모든 생명체들이 살고, 변화하고, 존재하게 되는 것이다."16)

## 3. 생명복제로 대두된 무성생식론

위에서 살펴본 바대로 음·양론은 중국철학에 있어서 우주론, 생명관, 그리고 남·여관에 이르기까지의 근본 원리로 굳어졌음을 확인하였다. 그러나 이제는 이 음·양론을 현대과학이 제공해 준 생명에 대한 새로운 정보와 시각으로 재검토해 봐야 하겠다. 근래 과학계 내·외에서 줄기세포 문제가 뜨거운 논쟁거리로 되어 있다. 그 내용들은 주로 윤리적,

---

16) Fang, Thomé H., *The Chinese View of Life*: "…Yin and Yang which concentrate their energies so as to expend them all the more fervidly. The stupendous expenditure of these energies in the midst of modulation gives rise to formation of concord and harmony in which all things live and move and have their being." p.48.

사회적 문제 그리고 기술적인 문제들이다. 사실 줄기세포 배양기술은 생명복제 기술과 어느 일정 단계까지는 동일한 기술이다. 생명체의 종류마다 각각 그 시점이 다르지만, 어느 일정한 시점에서 태아(fetus)로 성장하기 이전 단계인 배아(embryo)[17]로부터 세포를 떼어내어 인공 배양(culturing)시키면 줄기세포가 되는 것이고, 그 수정란을 계속 배양시켜서 자궁에 착상(implanting)시키게 되면 생명복제(cloning)의 단계에 들어가는 것이다.

인공수정의 경우에도 처음에는 그 기술의 사용 여부가 윤리적, 종교적, 사회적인 논란거리였었다. 하지만 인공수정은 지금 세계 각국에서 널리 불임 문제를 해결하려고 자연수정을 대신하는 대체방법으로 실용되고 있는 실정이다. 1997년에 이미 복제 양 둘리로 시작하여 그 후 쥐, 소, 개, 늑대 등 수많은 동물에 대한 생명복제 실험이 성공적으로 이루어져 왔다. 난자(ovum)[18]와 정자(sperm)의 수정이 아니라 난자와 체세포핵(body cell nucleus)의 수정이라는 것이 줄기세포와 생명복제 기술의 핵심이다. 이 과정에서 굳이 난자에 남성의 체세포핵을 넣어야만 하는 것은 아니므로 이를 무성

---

17) 구인회, 『생명윤리학』, p.142, 배아와 태아는 전혀 다른 형태의 수정란의 단계를 말하는 것이 아니고 인간의 경우 일반적으로 수정 후 3개월부터를 태아라고 부른다.

18) Stephen L. Wolfe, *Molcular and Cellular Biology*, p.1102, 난자란 암컷의 생식세포인 난세포를 뜻하는데 신체를 구성하는 그 어느 세포보다도 그 크기가 크다. 그래서 지구상 생명체의 세포들 중에 타조난자(알)가 제일 크다.

생식적 방법이라고 해도 문제 될 것이 없다.

여기서 우리는 '복제'라는 단어에 대하여 한번 짚고 넘어가야 할 것 같다. 'cloning'이라는 원어는 동일한 유전자 세트를 공유하는 개체 생명체를 생성해 내는 작업[19]을 의미하는 것인데 이를 '복제'라고 부르면 마치 제록스 기계로 A4 용지들을 쉽게 복사해 내는 것 같아 '생명체 생성'과는 거리감이 있게 인식되고 있는 것 같다. Clone이란 쉽게 말하면 같은 유전자 세트가 생성 또는 분할된다는 점에서 '쌍둥이' 또는 '무성생식세포군'과 같은 의미를 갖는다.[20] 쌍둥이들은 같은 유전자 세트를 갖고 있다. 그렇다고 쌍둥이 동생이 쌍둥이 형의 복제물이라고 하지는 않는다. 마찬가지로 개나리 가지를 꺾어서 흙에 꽂으면(무성생식) 새로운 개나리가 나오는데 이 새로 생성된 개나리를 복제 개나리라고 부르지는 않는다. 사실 cloning현상은 생명체의 체내에서 그 개체가 죽기 전까지 끝없이 일어나고 있다. 인간의 체세포 대부분(뇌세포나 근육세포 등은 제외)은 그 생명 기간이 25~30일 정도밖에 되지 않는다. 그러므로 신체를 유지하기 위해서는 한 세포는 새로운 세포를 분열시켜 만들어 놓고 똑같은 유전자세트를 물려준 뒤에, 이 새로운 세포가 늙은 세포의 유전정보를 '복제'받은 후에 분열되어 대체(replacement)한다.

---

19) *Longman Dictionary of Contemporary English*.

20) T. A. Brown, *Gene Cloning & DNA Analysis*, pp.5－8.

이것이 세포 복제(분열)의 방법인데 이러한 현상이 체외에서 일러나는 경우를 무성생식이라고 하는 것이다. 감자, 딸기, 짚신벌레, 아메바 등 수많은 생명체들이 이러한 분열(division)의 방법으로 무성생식을 한다. 결국 자연적 생식에서도 '복제'는 '탄생'의 단초적 단계이며 원리인 것이다. 이러한 면에서 '복제'를 통한 무성생식으로 태어난 생명체에도 '탄생'이라는 의미를 부여하는 데는 문제가 있어 보이지 않는다.

난자에 체세포를 수정시켜서 자궁에 잉태되어 있던 영롱이와 스너피는 일반 자연 잉태된 태아처럼 생명체로 자라났다. 그들이 세상을 처음 보았을 때 우리는 그것을 '복제품 완성'이라기보다는 '생명체 탄생'으로 보는 것이 더 적절할 것이다. 인공 수정한 아기가 태어났을 때 그것을 '실험성공'이라고 부르지 않는 것과 같은 이치이다. 현제 생명과학계는 수정체 자체를 생명체로 보고 있다.[21] 그렇다면 clone의 '탄생'을 무엇이라고 부를 것인가? '탄생'이라는 용어를 사용해도 무리가 없을 것인가? 그래도 무성생식의 방법 중의 하나인, 현재 거론되고 있는, 생명복제기술로의 '탄생'은 자연적 '생명탄생'과는 그 방법과 절차가 너무나 상이하므로 둘을 똑같이 부르기는 현재로서는 좀 힘들 것 같다. 아쉽게도 우리는 지금은 '복제'라는 용어를 대신할 마땅한 용어가 없기 때문에 어쩔 수 없이 논의의 편의상 본 연구에서도 '복제'라

---

21) 구인회, 『생명윤리의 철학』, p.127.

는 용어를 그대로 쓸 수밖에 없는 것 같다.

이미 너무나 많은 성공 사례들이 있기 때문에 생명복제는 더 이상 신기술이 아니다. 그리고 기술적인 측면에서 즉, 배양 기술의 한계로 인해, 인간이 복제되었다는 말이 인터넷상에서는 돌아다니지만,[22] 사실무근이므로 아직은 사례가 없는 것으로 알고 있다.

그러나 그 원리가 합당하고 다른 고등동물의 경우에도 성공하였을 때 윤리적, 법적, 사회적 제제가 없다면 인간복제기술은 기술의 문제로만 남는다. 원리가 옳다면 그것의 실현기술의 확립은 시간문제라고 볼 수 있을 것이다. 그러므로 인간이라는 동물도 무성생식적 복제기술의 대상이므로 인간의 인간복제도 결국은 실현 가능하게 될 것이라고 상정해 놓고 논의를 계속하도록 하겠다.


## 4. 음양 생식론의 절대성 비판과
　　기존 남·여관의 재검토


현재까지는 소설, 만화, 영화 등에서 인간복제가 테마가

---

[22] 인간복제 아기의 첫 탄생을 알렸던 클로네이드가 기자회견을 열고 사실임을 공식 선언했다. YTN, 2002.12.28.

되어 온 지 오래다. 그런 공상과학적 아이디어들은 더 이상 공상적이지 않다. 그런데 줄기세포 배양이나 생명복제 같은 Cloning Process에서의 핵심요소는 무엇인가? 그것은 난자 (egg)에 대한 조작기술이다. Egg가 핵심 요소인 것이다. 현재의 과학기술 수준에서는 egg가 실험재료이자, 실험대상이자, 실험결과 즉 '생명'의 주체이다. 그러므로 줄기세포나 생명복제는 한마디로 egg game이다. 이러한 egg를 우리는 만들어 낼 수가 없다.

어느 먼 미래에 그러한 기술을 갖게 될지 모르겠지만 지금은 확실히 불가능한 일이다. 인공 egg가 만들어지게 된다면 생명에 대한 우리의 의식은 또 바뀌어야 할 것이다. 어쨌든 현재로는 난자는 암컷만이 만들어 낼 수 있고 그래서 암컷이라는 존재들은 '생명복제 실험', '생명생식 실험'의 대상이며 주체이다.

어느 일정한 단계 이후부터는 생명복제가 줄기세포 배양과는 다른 차원의 연구 및 실험이 된다. 우리는 원리상의 타당성을 인정한 이상 '인간복제' 또는 '새로운 방식의 생식'에 대하여 깊은 사려를 해 보아야 한다. 남·여의 유성생식만이 생식의 유일한 절대방법이 아니라 여자 혼자서도 무성생식이 가능해질 것이다. 앞에서도 밝힌 바 있듯이 무성생식이란 유전자가 다른 두 개체가 필요하지 않고 한 개체가 혼자서도 생식을 한다는 것이다. 그러나 현재 연구되고 있는 생명복제기술은 정확한 의미에서 체내세포분열 cloning이나 자연적 무성생식과는 약간의 차이가 있다. 암컷의 난자에서 핵을 축출하고 그 자리에 다른 개체의 세포핵을 삽입시키는 수정작업으로 만들어진 수정란은 그 세포핵의 주인의 유전자 세트와 완벽하게 동일하지 않다. 왜냐하면 한 세포 내에는 유전자세트를 가진 하나의 핵이 있고 또, 이와 동일하지 않은 유전자 정보가 미토콘드리아(세포 내 에너지 생성 기관)에도 있기 때문인데, 난자는 삽입된 핵 외의 나머지 부분들을 파괴해 버린다. 난자는 자기 고유의 미토콘드리아와 그 유전 정보를 고수한다는 것이다. 그러므로 자기 자신의 세포핵으로 cloning 하는 방법 외에는 엄격한 의미의 복제(cloning)는 아니다. 한 여성의 난자핵을 추출하여 본인이나 다른 사람(여자이건 남자이건)의 체세포핵으로 수정란을 만들어 내면 이 단계에서 그 의미가 '복제' 쪽인지 '새로운 방식의 생식' 쪽인지 둘로 나누어지게 되는 셈이다. 이후, 인공수정란 착상의 단계까지 오게 되는 것인데 그 후의 기술은 이미 확보되어 있는 기술이다.[23]

인류가 앞으로 cloning을 실용화시키게 될지는 모르나 분명 지원자가 없지 않을 것으로 본다. 인간복제는 인공수정이 사람들에게 사회적으로 인식되기까지의 과정과 유사한 과정을 겪게 될 것이다. 여자는 혼자서 생식할 수 있고, 남자는

---

23) T. A. Brown, *Gene Cloning & DNA Analysis*, pp.46-8.

못 한다는 것은 생명체로서 번식 능력의 유무가 나누어지는 계기가 된다.

자연적 유성생식의 경우만 보더라도 생식과정의 주체성은 여성에게 있다. 인간의 수정 과정을 지켜보면 3억 개 정도의 정자가 오직 하나뿐인 난자에 들어가려고 있는 힘을 다해서 고전분투하다가 오직 하나만(때로는 그 이상) 선택받듯이 성공을 하고 나머지 3억 개의 정자는 목표와 목적을 잃고 의미 없이 죽어 간다.24) 이 과정을 하나의 게임으로 보면 게임의 주인공은 당연히 난자라고 볼 수밖에 없다. 자연생식에서도 남성은 여성의 선택을 받게 되는 입장이다. 자연수정의 경우 정자의 미토콘드리아는 정자의 구동력이 필요로 하는 에너지만을 제공하고는 난자에 진입하지 못하거나 진입하더라도 곧 파괴되어 버린다. 난자는 정자의 핵만을 접수하는 것이다. 이것은 남성과 여성의 동등한 조화라고 보기 힘들다. '하늘에서 씨를 떨어뜨리어 주는 남성, 그리고 그 씨를 받아 키우는 땅 같은 여성'이라는 구조의 남·여관은 종래의 생명에 대한 절대적 원리인 음·양론과 함께 더 이상 받아들이기 힘들다. 더군다나 이제 난자에게는 정자 말고도 체세포라는 또 하나의 선택권이 생겼다.

---

24) Stephen L. Wolfe, *Molecular and Celluar Biology*, pp.1094 - 5.

## 5. 동양철학 방법론 전환의 필요성

맞춤형 줄기세포 배양이 사실이건 아니건 그것은 우리의 관심사가 아니다. 영롱이와 스너피만큼은 현재 두 눈을 시퍼렇게 뜨고 살아 있다. 그들은 자연적 생식방법으로 태어난 생명체들이 아니다. 우리가 믿어 오던 생명 생성의 음·양의 조화는 이제 더 이상 정답이 아니다. 만일 누군가가 영롱이와 스너피를 복제실험의 결과물이라고 한다면, 스너피와 영롱이의 기분이 썩 좋지는 않을 것이다. 동물에 대한 복제실험원리가 인간에게도 적용된다고 생각하면 보통사람들은 충격적으로 반응할 것이다. 그것은 그들의 기본 믿음의 붕괴를 뜻하기 때문이다. 음·양의 조화 속에서 생명의 탄생에 대한 중국철학의 고정적 코드는 불변의 코드가 아니다.

암컷의 egg만 갖고 다른 체세포를 이용해서 무성생식이 성공을 충분히 이룬 이 마당에 더 이상 음·양론은 생명에 대한 불멸의 공식이 아니다. 음·양론의 울타리에서 벗어나서 자연을 관찰해 보았다면 짚신벌레, 아메바, 효모, 버섯, 이끼 심지어 감자까지도, 수많은 하등동물과 식물들이 분열, 출아, 포자생식 등의 방법으로 무성생식으로 번식을 한다는 사실을[25] 세계에 대한 과학적 태도로의 관찰만으로도 알았

---

25) 한스 요나스, 『기술의학윤리』, 이유택 옮김, p.174.

어야 했다. 이 지구에 유성생식 생명체들에 비해 훨씬 많은 수의 생명체들이 무성생식을 하고 있다는 사실은 현미경이라는 관찰수단이 나오기 이전에도 충분히 알 수 있었던 내용임을 서양인들은 100여 년 전부터 알고 있었다.

서양에서는 인식자와 인식대상과의 이분법적 구조로 세계를 인식해 왔고, 그 반면에 동양에서는 인식자 자신과 인식대상 모두를 음과 양으로 이분을 해서 인식해 왔었다. 세상의 모든 인식 대상들은 음·양의 원리로 해석하기가 편리하다. 하지만 한 가지 방법론으로 모두를 포함하려는 욕심은 버려야 할 것이다. 그 많은 감자, 버드나무, 개나리 들을 보고도 중국인들은 왜 음·양론으로 모든 것을 해석하려 하였는지 모를 일이다. 고정관념이라는 것이 중국인들에게는 사상의 허점을 만들게 한 원인으로 보인다.

우리는 서양철학으로부터 배울 것이 하나 있다. 서양철학은 르네상스 시대부터 코페르니쿠스나 갈릴레오 등이 주장한 지동설로 한 차례 큰 우주관에 대한 재성찰을 하였고, 뉴턴 이후 과학이 제시해 주는 우주와 대자연에 대한 메시지들에 귀 기울여 왔다. 뉴턴 이후 300년이 지나 다윈, 하이젠베르크, 아인슈타인 등이 내놓은 학설들의 영향으로 서양철학은 우주관과 생명관을 수정하여 갔으며, 중요한 것은 그 후로도 과학에 항상 관심을 두고 철학적인 우주관과 형이상학의 체계를 구축해 나갔다. 하지만 동양철학은 지금도 과학에는 그다지 관심들이 없어 보인다. 흥미롭게도 노벨상 수상자인 프리고진이 20세기 중엽에 내놓은 "혼돈으로부터의 질서"라는 이론을 볼 때 그의 우주관은 노장(老莊)사상에 깔려 있는 우주관과 일맥상통하는 면을 볼 수 있다. 이들은 2000년 이상의 시간적 거리를 두고 있다. 아인슈타인을 과학자라기보다는 사상가로 보는 견해가 있듯이 장자도 사상가이며 또한 훌륭한 과학자였다고 볼 수도 있을 것 같다. 그러나 한대를 거쳐 송·명대를 살펴보면 장자 같은 과학자다운 사상가는 상당히 드문 것 같다.

## 6. 맺는말

생명체 복제라는 이슈는 동양의 음·양론의 절대성을 정면으로 논박할 수 있게 하는 과학으로부터 유용한 메시지이다. 현대 과학이 이미 100여 년 전에 밝혀낸 바에 의하면 이 지구의 수많은 생명체들 중 훨씬 많은 수의 생명체들이 무성생식을 한다는 것이다. 그러므로 결론은 음·양론은 절대 유일한 생식원리가 아니라 세계를 이해하는 사유유형 중 한 가지 방법일 뿐이라고밖에 볼 수 없다. 생명체 복제이론이 나오기 이전까지 음·양론의 절대성이 명맥을 이어 왔다는 점은 동양철학이 갖고 있는 약점을 검증하는 예로 봐야 할 것이다. 이는 세계에 대한 과학적 탐구에 관심이 미약하였거나 기존 패러다임에 안주하려는 일종의 게으름은 아니었던지 반성해 볼 필요가 있다고 생각한다. 누군가 생명체 복제에 대한 기술이 아직도 연구단계에 있으므로 이를 받아들일 수 없다고 음·양론을 고수하려 한다면, 그는 감자를 먹어 가며 이끼, 말미잘, 버섯 등을 관찰하면서 어떻게 하면 그가 지금껏 믿어 왔던 만물의 생성원리인 음·양론을 살릴 수 있을 것인지 고민 꽤나 해야 할 것이다.

　동양철학자들은 예로부터, 또 지금까지도 대부분 과학에 관심도 적은 것 같고 또, 극히 일부는 무지하기도 하다. 한대 이후로부터 동양철학의 세계관, 생명관과 형이상학의 토대에 깔려 있는 이 이분법적인 음·양론이 지금까지 2천 년 이상이나 우주의 기원에 대한 공식이 되어 명맥을 이어 올 수 있었다. 송·명대 이후 동양철학은(주자학은 그런대로 객관세계에 관한 관찰을 중시하기도 했지만) 심학(心學)에 치우쳐서 세계에 대한 경험적, 과학적인 탐구 자세가 결여되어 보인다. 동양철학을 한다며 고전들을 읽으면서 이리 해석해 보고 저리 해석해 보고 하는 해석의 수준에 묶여서 헤어나지 못하고 이미 접수된 기존개념을 가까스로 이해하려고만 한다면, 그것은 철학이 아니라 고전학 또는 해석학이라고 불려야 할 것이다.

책은 자신이 모르는 것을 말하도록 하게 하므로 책을 싫어한다고 루소는 말했다. 기존의 지식들이 담겨 있는 책들의 내용들을 모두 다 이 세계에 대한 정답들로 볼 것은 아니라는 말이다. 철학은 수많은 세상사뿐만 아니라 특히 과학에 귀 기울이며 유용한 정보들이 있으면 그것들을 깨우침의 소재로 활용하여야 할 것이다. 과학은 우리에게 세계에 대한 실질적인 정보를 준다. 그러한 정보들이 모두 다 옳은 것은 아니었더라도 정보의 질은 계속 나아져 왔었다. 그리고 때로는 과학으로부터 우리는 우리의 현 위치와 나아갈 길에 대한 실마리를 얻기도 한다. 기존의 일반지식에서 깨쳐 나가서 한 걸음 더 성숙한 사상에 대한 길을 열어 주는 것이 철학의 진정한 역할이라고 생각한다. 건강한 철학적 태도로 보면 음·양론은 편리한 인식론적 원리 중 하나일 뿐이다.

페미니스트들에게 한마디 한다면, 줄기세포 문제로 난자의 기증이나, 매매, 불법적 삭출 등의 문제들로부터 윤리적 문제점들이나 여성의 권리보호 등의 문제들에만 각도를 맞추고 열을 올리며 집중할 것이 아니라 줄기세포, 생명체 복제 등이 보여 준 생식에 대한 새로운 관점에서의 난자의 역할이 남·여 관계에 암시하는 바에 초점을 맞추는 것이 어떨까 한다. 여성만이 난자를 생산해 낼 수 있으므로 여성이 생식의 열쇠를 쥐고 있는 것이 사실이다. 우리의 일상에까지도 커다란 바람을 몰고 왔던 이 사회적 과학기술적 이슈를 과

거로부터 현재까지 동양철학의 음·양론을 바탕으로 자리매
김해 온 종적 남·여관을 바로잡을 수 있도록 하는 핵심적
명분과 원리로 사용할 방법을 궁리하여 볼 것을 권유하고
싶다.

# 참고문헌


- 『易經』과『易傳』
- 『史記』, 帝王本紀
- 『莊子』
- 『荀子』
- 『說文解字』
- 『春秋左傳, 公羊傳』
- 正統道藏 『太平經』
- 邵雍,『皇極經世』
- 李宗侗,『古代社會史』, 臺灣 華岡出版社, 1977.
- 徐復觀,『中國人性論史』, 유일환 옮김, 을유문화사, 1995.
- 김용옥,『도올선생중용강의』, 통나무(도), 1995.
- 김충렬,「해체위기에 놓인 유가의 전통가정유교사상」,『유교사상연구』 제20집, 2004.
- 구인회,『생명윤리의 철학』, 철학과 현실사, 2002.
- 한스 요나스,『기술의학윤리』, 이유택 옮김, 솔출판사, 2005.
- Fang, Thomé H., *The Chinese View of Life*, Linking Publishing Co. 1980.
- *Longman Dictionary of Contemporary English*, Longman Group Limited, 1998.
- Stephen L. Wolfe, *Molecular and Cellular Biology*, Wadsworth Publishing Co. 1993.
- T. A. Brown, *Gene Cloning& DNA Analysis*, Blackwell Publishing, 2006.

# 제14장
## 장자와
## 서양의 인식론

앎에 있어서 전통 서양 인식론 체계는 인식 대상을 귀납적으로 분석해 가며 인식 주체와 나누어 보았다. 이러한 분석적 귀납의 방법은 인과적 환원을 이루게 하여 세계에 대한 보다 확실한 이해를 가능하게 해 주었다(만물은 더 작은 원소들로 이루어져 있음을 말하게 되었다). 이러한 인식론은 주관성을 배재함으로써 인식의 객관성을 갖게 해 주었지만 인과의 폐쇄성을 불러와 정신세계를 사변적으로 유지하려는 인식론적 습관을 갖게 하기도 하였다. 이와 같은 인식 주체와 인식 개체의 철저한 구별이 그러한 인식의 결과를 가져오게 하는 이분법적 인식체계에서 비롯된 것이다. 이 장에서는 장자 사상체계를 인식론적 맥락에서 서양 인식론과 비교할 것이다. 흥미롭게도 듀이와 장자의 형이상학과 우주론은 시대를 초월하여 상당한 부분을 서로 공유한다. 듀이와 장자 모두 인식의 주체인 우리가 지속적으로 변화해 가는 세계와 하나(oneness)로 뒤얽혀 있다고 믿는다.


## 1. 서양의 인식론


서양의 학문적 형식은 '나' vs '세계', 즉, '나: 인식자' vs '세계: 인식대상'이라는 형국으로 구조되어 있다. 전통적이며 아직도 서양철학계에서는 그 맹위를 떨치고 있는 로크에 따르면 '세상'은 '인식자의' 마음에 반영이 되는 것이며, 그 반영된 내용은 사실과 다를 수도 있다는 것이다. 그리고 흄의 견해로 본다면 '외부세계'만이 인식자에게 인식의 소재를 주며 인식자는 이 외부세계의 인식소재에 대하여 어떤 영향도 줄 수 없다는 것이다. 이것은 인식론적 이분법의 one‑way 적 관계를 말한다.

이러한 이분법이 거의 모든 서양 학문체계의 기본구조를 제공한다. 세계와 '나'는 일대일의 관계로 이분법 위에 놓여 있다. 서양에서는 인식자가 세계(인식대상) 또는 사건들을 시간적 전·후 관계로 이분하고 또 이를 인과적 선·후 관계로 연결 짓는다. 이는 확실성을 얻기 위함인데 진리를 추구하는 올바른 방법으로 믿어져 왔으나 항상 성공적인 절대 유일의 방법은 아니다. 오히려 이러한 이분법이 한편으로는 인식론적인 문제들의 전주곡이라고 필자는 주장한다.

플라톤의 이원론(질료/형상)과 기독교적 이분법이 서양철학에 형이상학적 이원론과 인식론적 이분법이라는 토대를 제공한다('나'와 '세계', '나'와 다른 '나', 마음과 몸, 이성과 감성, 우연과 필연 등등……. 우리는 시간적 선·후 그리고 인과적 선·후에 의하여 결정되는데, A or B 둘 중 하나가 superior하고 prior하다는 분석의 단계, 그리고 그것의 막다른 결론에 너무도 익숙하다. 둘로 나뉘어 있으니 둘 중 하나가 더 중요하다는, 더 먼저라는 사고가 모든 상황을 인식하고 결론짓는 데 항상 적합한 방법이라고 믿어 왔다. 그러나 흄이 주장한 대로 인과의 관계는 많은 경우 시간차뿐일지도 모른다. 여기서 우리는 왜 'A or B'가 아닌 'A and B'의 가능성 그리고 전체와 함께하는 중국의 주역이 제시하는 바를 고려하지 않았는가. 물론 아직도 이러한 발상은 서양철학의 주류에서는 받아들여지지 않고 있다.

## 2. 장자의 일원론적 인식론

여기서 필자가 주장하고 싶은 바는 이 세계가 인식자의 인식 대상만이 아니라는 것이다. 장자의 인식관에 의하면 오히려 인식자가 인식 대상의 일부라는 것이다. 즉, '나'와 '세계'가 아니라 '세계 속의 나'라는 시각이 옳다는 것이다. 시·공은 무한하지만 '나'라는 인식자는 그 존재가 유한하다. 그러므로 '나' 또는 다른 모든 존재들은 세계라는 시공적으로 무한하며 모두를 담고 있는 하나의 거대한 그릇 속에서 서로 연결되어 각기 구성원 역할을 한다는 것이다. 이것은 서양의 one－way적 또는 일대일 대응관계가 아니고 이 세상의 모든 개체들이 서로 간에 two－way 방식으로 연관되어 있다는 뜻이다. 내가 길 위에 떨어진 꽃들을 보고 지나쳤다고 보자. 서양의 이분법적이고 one－way적인 관계로 본다면 나는 그 꽃들에 아무런 영향을 주지 않았고 오로지 꽃들이 나에게 인식의 소재를 준 형국이 된다. 그러나 장자의 방식대로라면 내가 꽃들을 보았을 때 그 곁 나무, 풀, 오솔길, 햇살, 바람 등 그 외의 모든 것들이 내게 감각적 자극을 주었고 나는 그것들을 인식하였고 그래서 변화했다. 그런데 나만 변한 것이 아니다. 내가 그들로 인하여 미소를 머금고 지나갈 때 그 꽃들 외의 모든 주변의 것들도 변화한 것이다. 그들에게 어떤 꼭 물리적 변화가 일어났다는 것이 아니다. 내가 그 꽃을 보기 전에 그 꽃은 그저 꽃이라는 물질적 개체였는데 내가 보고 미소 지은 뒤에는 그 꽃과 모든 주위 것들은 나의 미소를 자아낸 존재들인 것이다. 내가 경험하기 전의 그 꽃과 내가 경험한 후의 바로 그 꽃은 분명히 다른 꽃이다. 다른 의미의 꽃이다. 나를 미소 짓게 한 꽃은 분명 그 이전, 그 미소가 없었던 때의 그 꽃과는 차이가 있다. 우리가 흔히 샛별과 금성은 같은 별을 말한다고 하지만 우리 개개인이 갖고 있는 샛별과 금성의 의미는 다르다는 것과 같은 이치이다. 그 꽃과 나머지 것들 모두는 나를 변화하게 한 것들이기에 그들도 변했다. 나와 그들은 모두 함께 하나(oneness)의 case를 창조해 낸 것이다. 이것이 장자의 하나(oneness)와 전체의 개념이다. 전통적이며 평범한 인식론자들과는 달리 C. S. Peirce나 John Dewey 같은 미국 실용주의 창시자들은 중국의 고전을 보고 노장 공맹시대로부터 2000년이 넘게 지난 19세기 말에 와서야 중국의 고전 세계관을 받아들이게 되었다.

장자의 일원론적 인식론이란 우선 이분법을 부정하는 것이다. 장자는 앎의 과정에서 인식자와 인식대상이 이 변화하는 세계 속에서 하나로 규합되는 과정을 설명한다. 세계는 지속적으로 변하고 있으므로 '고정적'이란 없다. 서양이 추구해 온 인과적 환원도 그 끝은 유동적일 수밖에 없다. 인과의 계단 맨 밑에는 지구가 있는데 이 지구도 고정적인 바탕은 아니다. 변화 속의 세상 속에서 변치 않는 것은 모든 것들이 변화한다는 점밖에는 없다. 장자는 불변의 '진리', '확실성'을 부정한다.

장자에게는 실재하는 눈앞의 대상이 그에게 지식을 주지 못한다. 그의 인식론에서는 대상과의 직관적이고 내적이며 상호적인 경험만이 인식을 가능케 하는 것이다. 서양이 외부 대상을 인식할 때, 장자는 우리가 바로 그 대상이라고 말한다.


## 3. 장자와 서양 인식론의 비교


중세 이후 서양의 인식체계에서는 뉴턴의 기계론적 우주관이 불변의 진리를 추구하는 기본자세로 받아들여져 왔었다. 서양에서는 객관성을 보장하기 위하여 철저히 배제되었던 주체성이 장자에게는 인식의 일부로 여겨졌다.

인식의 주체와 인식의 대상이 합일되었을 때 경험이 이루어지고, 이러한 경험은 인식의 기본단계이다. 후에 듀이도 이와 관련하여 "지식은 경험의 일부이다"라고 말한다. 장자나 듀이도 인식자가 대상을 접해야 지식을 이룰 수 있다고 믿었으나 둘 간의 분리는 있을 수 없다고 말한다. 모든 것은 이 세계 안에 있고, 또 모든 것에는 '도'가 있다고 장자는 말한다. 심지어 개똥에도 도가 있다고 하였다. 이 세상 속의 모든 것이 다 같이 어우러져서 이 세상을 이루고 그 안에서 모든 개체들의 '도'는 서로 통하여 모두가 관계 지어져 있다고 장자는 말한다. 그리하여 내 마음이 그 도와 '도통위일'하면 '각득', 즉 그 '도'를 인식하게 된다는 것이다. 이러한 경지는 현자만이 이룰 수 있는 것이다. 장자는 세계를 六合之內의 영역과 六合之外의 영역으로 나누어 본다. 六合이란 天地東西南北을 일컫는 말로 일반인이 일반 생활사에서 접하고 인식할 수 있는 세계를 말하고 그 외의 세계는 (육합지외로) 가로치기를 해 두고 오로지 현자들만이 이해할 수 있는 세계라는 것이다. 그렇다고 이것이 육합지외를 인식의 영역에서 제외하자는 것은 아니다. 육합지외의 세계를 두루 섭렵한 장자는 이 세상의 모든 만물이 '도'로 연결되어 있으므로 내 속 안에 있는 '도'를 각득하면 이 세계의 '도'를 이해할 수 있다는 것이다.

이 세상 속의 모든 개체들은 그들이 속한 큰 하나(세계)에서 특유의 역할이 있으며 아무리 미물일지라도 그것의 변화는 전체의 상태와 관련지어져 있다고 말한다. 세계 속의 모든 개체들이 유기체적으로 변화해 가고, 그 속에 인간도 한 위치를 차지하는 것이고 이 유기체의 전체 덩어리(세계)는 내부의 변화에 맞추어 변화해 나가는 것이다.

중세기까지 서양에서는 철학이 이분법적인 인식론을 바탕으로 인과론과 결정론을 과학에 제시해 줌으로써 과학이 가야 할 길을 이끌어 왔다. 그러나 뉴턴 이후, 그에 의해 제안된 이성을 통하여 인과론적 물리학에 기초한 기계적 우주구조가 받아들여져서 그 후 300년 동안 서양 과학과 철학을 밑받침하는 정론으로 여겨졌으나, 모두가 아는 바와 같이 19세기 후반기부터 뉴턴의 우주론은 붕괴해 간다. 이러한 서양 학계의 변화 그 저변에는 이분법적 인식론으로부터 나온 확실성의 추구가 있었다. 서양 인식론은 확실성을 추구하였으나 그 방법론인 인과론은 유기체적 우주 현상을 해석하는 데 벽에 부딪히고 말았다. 20세기 이후에 발전해 간 원자역학, 상대성이론, 불확정성이론, 나비효과 등의 과학적 성과물은 2000년 이상 전에 장자가 예시하였던 우주에 대한 스케치와 맞아떨어진다. 그러면 장자는 어떻게 그러한 비전을 가질 수 있었을까? 장자의 인식론은 우주, 자연, 인식대상들과의 하나 됨을 강조하였다. 증명을 할 방법이 없었으니 과학에 미치는 영향이 있을 수 없었다. 그러나 그가 주장한 'oneness'의 방법이 헛된 방법이 아니라는 것을 일찍이 Peirce나 Dewey 같은 미국 실용주의자들은 색다른 가치 있는 인식론적 방법이라는 것을 알게 된 것이다.

서양의 이분법적 인식론의 장점은 객관성을 보장함으로써 확실성을 주었지만 우리 시야의 사건들을 초월하여 거시적 비전을 가질 수가 없어서 단계적 발전만이 가능했다. 인류의 과학사와 철학사를 보면 큰 변화는 항상 실상을 초월하는 발상에서 나왔었다는 것을 볼 수 있다. 이것은 인과적 폐쇄성의 한계로도 설명될 수 있다. 인과적 귀납의 방법은 결정론을 낳게 하였고 이것은 과학의 기술적 수행에는 도움이 되지만 사변적일 수밖에 없는 과학도의 두뇌 상태에서 창조적 작품이 나오기는 힘든 것 같다. 일례로 한때 심리철학의 한 시도였던 기능주의를 들 수 있다. 그들은 마음을 연구하던 과정에서 마음에 대한 computer simulation을 시도하였다. 그러나 지금 와서 우리는 안다. 인과성, 결정론, 디지털방식(0, 1)으로는 마음의 plasticity(유연성)를 이루어 낼 수 없으므로 input이 아닌 배움으로부터 창조를 해낸다는 아날로그적 마음 현상 앞에 단 한 발짝도 다가가지 못하고 말았다. 인과적 폐쇄성은 새로운 program이나 paradigm을 수용할 능력이 없다. 그것은 구조적 폐쇄성 때문이다. 이러하듯이 철학이 과학을 이끌고, 과학이 철학을 이끌고 또는 고전철학의 인식론이 현대과학에 큰 힌트를 던져 주는 등 변화들이 있었다.

동·서의 2000년 전 존재했던 상이성이 그동안 극도로 확대되었다. 근래에 와서 다시 검토해 보니 동질성 또한 없지 않았다. 하지만 한 가지 중요한 점은, 서양이 현재의 과학수준에 이르는 데 2000년이 걸리게 한 이분법적 인식론의 체계보다는 2000년 전에 이미 현재 수준의 우주관을 갖게 한 장자의 'oneness'적 인식론 그리고 그의 주관적 관념론이 분명 조숙했다고 말할 수 있을 것 같다.

# 제15장
## 디지털리즘과 인류의 향로

사이언스 픽션(공상소설, 영화)이라고 단순히 허구라고만 말하기 힘들다. 사이언스 픽션은 항상 과학적 가능성, 원리를 기본으로 만들어져 왔으며, 상당 부분 기술적인 문제가 해결되면 상상이 현실로 이루어졌다. 우리가 현시점에서 우리 미래의 향로를 생각하는 데 사이언스 픽션을 간과해서는 안 된다.

## 1. 매스미디어의 발전: 새로운 장르들의 출현

### 화석연료와 전기, 원자력

산업혁명은 농경사회에서 사람과 가축의 동력만으로 살아

가던 제조방식이 기계적인 에너지를 사용하면서 농경사회가 공업화되는 사회로 바뀐 것이다. 처음에 사용된 에너지는 석탄이었고, 그 다음은 원유(기름), 전기 그리고 원자력 등으로 다양해졌다. 현대 우리 생활에서 가장 편리하게 사용하는 동력은 전기인데, 그러므로 거의 대부분의 제품이 가전제품으로 나오게 되었다.

## 에디슨의 발명: 전구, 영화기기, 축음기

에디슨의 첫 번째 발명품은 전기를 이용한 전구이고, 두 번째 발명품은 영화촬영 카메라와 영사기인데, 이것이 세상의 문화적인 좌표를 바꾸어 놓은 계기가 되었다. 당시도 경마가 유행이어서 어느 한 과학자가 카메라를 직렬로 연결해 놓고 실을 달아서 말이 뛸 때마다 말 발걸음을 카메라로 촬영하여 말의 구보에 대한 연구를 하게 되었다. 그런데 이 사진들을 연결하여 전체를 한꺼번에 보았더니 착시현상이 일어나, 무빙모션이 재생되었다. 에디슨은 사진의 필름을 롤로 감아서 촬영하고 이 롤을 재회전시키는 영사기를 발명해 내게 되었다. 에디슨은 이 아이디어로 영화를 제작하기로 생각했고, 실제로 그의 실험실 옆에 작은 영화관을 만들기도 했다.

영화라는 새로운 장르가 생겨남으로써 인류 역사상 없었

던 스타의 개념이 생겨나게 되었다. 그 이유는 그 필름을 수 많은 이들이 볼 수 있기 때문이다.

## 라디오와 TV, 영화, 소설

영사기의 개발로 새로운 장르의 문예 방식인 영화가 태어나게 되었다. 그 뒤를 이어서 라디오와 TV라는 대중매체를 이용한 매스미디어가 등장하게 된다. 이러한 새로운 장르의 방법으로 수많은 드라마들이 제작되었는데, 그중에는 '사이언스 픽션'이 포함된다.

'사이언스 픽션'은 항상 픽션일지라도 과학적 아이디어를 바탕으로 만들어지는 것이므로 완전히 허구로 보기는 힘들며, 기술적으로 현실화가 가능하게 되면 결국 허구가 아닌 현실이 될 수 있다는 것을 우리는 종종 경험한다.

과거 서양에서는 과학이 가장 먼저 아이디어를 제시하고, 그것을 철학이 논의하고, 기술 또는 예술, 소설이 그것을 실현화하는 순서로 보통 진행이 되었다.

그러나 지금은 '사이언스 픽션'으로 영화나 만화, 소설 등이 아이디어를 제시하고, 이것이 현실화되어 가는 과정을 겪는 경우가 많이 발생하고 있다.

## 2. 심리철학: 생각하는 기계 vs 인간 두뇌

컴퓨터가 발명되자 생각하는 두뇌의 개념이 생겨서 인간의 두뇌와 생각하는 기계를 시뮬레이션해 보려는 시도가 인문학계에서 일어났다. 그 대표적인 것이 심리철학이다. 1990년대까지 서양철학에서 가장 인기 있던 분야가 바로 심리철학이다. 심리철학자들은 기계두뇌를 두고 긍정론자와 부정론자로 나뉘어 논쟁이 지속되었다. 그러나 현재 이 주제는 더 이상 인기가 없다. 왜냐하면 우리가 두뇌의 활동 원리를 너무도 모른다는 것이다. 엄청난 수의 뇌세포들은 시냅스라는 연결고리로 연결되어 있는데 신호의 전달방법은 전기신호이다. 한 두뇌의 전기신호망이 지구 전체의 전화신호망보다 더 거대하고 복잡하다. 이 정도가 두뇌에 대해 알고 있는 사항이다. 시뮬레이션을 하려면 대상이 파악되어야 진행을 할 수 있는데, 어떻게 우리가 잘 모르는 두뇌를 시뮬레이션할 수 있단 말인가? 현재 심리철학은 수면 밑으로 내려간 지 오래되었다. 이제 남은 문제는 기계두뇌 대 인간두뇌가 아니고 인간 대 기계이다.

## 매트릭스, 아바타, 아이로봇

매트릭스, 아바타, 아이로봇은 '사이언스 픽션'이 영화로 만들어진 대표적인 작품들인데, 매트릭스는 인간 두뇌 대 기계 두뇌의 대결을 다룬 영화이다. 이 주제는 90년대까지 치열했던 심리철학의 주제였으나 컴퓨터 과학자들의 승복으로 더 이상은 살아 있는 논쟁거리가 아니다. 매트릭스란 원래 '각인'이라는 뜻으로 컴퓨터 용어인 'residual'이란 단어에 해당된다. 영화에서도 보여 주듯이 컴퓨터는 2진법이란 숫자 시스템으로 움직이고 인간은 그 무엇인가가 다른 두뇌를 쓴다. 결론은 두뇌가 컴퓨터를 이긴다는 것인데 그 이유는 두뇌는 숫자 시스템을 이해하지만 컴퓨터는 두뇌의 '그 이상의 무엇'을 이해할 수 없기 때문이다. 이에 대한 자세한 내용은 다음 장에서 이어진다. 아이로봇은 인간생활의 편리함을 추구하기 위하여 모든 일을 수행하는 로봇을 만들어 내지만 그 로봇이 결국 인간을 공격하게 되는 스토리이다. 이러한 영화를 우리가 볼 때 분명 우리의 생활 속에서 실현 가능한 사항이라는 것을 우리 스스로도 느낀다. 그리고 실제 어떤 부분은 이미 실현되고 있다.

# 스텐리 큐브릭의 "2001, 스페이스 오디세이"

1968년 작품인 스텐리 큐브릭의 "2001, 스페이스 오디세이"에서는 반도체 컴퓨터가 만들어지기 이전에 인간이 컴퓨터의 지배와 통제를 받는다는 것이 이 영화의 주제이다. 이제 영화나 소설은 현 수준의 과학기술을 앞선다. 이 영화가 만들어진 시기는 반도체컴퓨터가 만들어지기 이전이다. 물론 그 시대에는 컴퓨터가 통제하는 일상생활이란 개념조차 없었던 시대이다. 픽션이란 분명 허구를 뜻하지만 사이언스 픽션들은 대부분 전혀 가능성이 없는 허구적인 창작물을 내놓는 것이 아니다. 현재 기술 수준이 못 미치지만 과학적으로는 가능성이 있는 소재들이 주로 사이언스 픽션들의 소재가 되는 것이다. 지금 와서 스페이스 오디세이를 다시 한 번 보면 훨씬 더 공감대를 이루는 것을 느낀다. 우주선과 그 안에 있는 인간들을 통제하는 HAL9000이란 이름의 컴퓨터, 그리고 그 이름이 왜 HAL인가 하는 의문이 오랫동안 논의되었다. 결국 현재 HAL이란 영국전쟁사에서 최초로 기병대를 앞세워서 프랑스군을 무찌른 헨리 5세의 아명으로 밝혀졌다. 40년 이전의 영화가 이제는 우리의 현실과 연결 지어져 이해된다. 현재 우리가 간과할 수 없는 사항은 수많은 과학문명이 다음과 같은 수순으로 현실화되고 있다는 것이다. 과학적 발상 - 사이언스 픽션 - 기술부족 - 시간과 노력 - 현실화 - 발상 - 픽션 - 실현.

## 인과적 폐쇄성, Plasticity 일대일

서양과학의 기본원리인 인과론(원인과 결과)은 우리에게 확실성을 부여하지만, 인과회로의 폐쇄성이라는 것은 자유의지를 불가능하게 하므로 컴퓨터학계에서는 90년대 들어 인간은 컴퓨터란 하드웨어로 인간의 두뇌를 대신할 수 있는 기계를 만들 수 없다고 결론짓게 된다.

인간 두뇌의 특징은 Plasticity(유연성)가 있는데 컴퓨터는 인과론적 폐쇄성에 의하여 Plasticity를 실현할 수가 없다. 그리고 두뇌학자들이 내린 결론은 "우리는 우리 두뇌의 성격과 작동방법에 대하여 아직 대부분 모르고 있다"라는 것이었고, 이에 대해 컴퓨터학자들은 "우리는 모르는 것에 대하여 시뮬레이트를 할 수 없다"고 결론지었다.

이러한 결론 이후에 '사이언스 픽션'의 영화들은 단순히 '컴퓨터 대 인간두뇌의 대결'을 주제로 하는 영화에서 인류의 향로와 복제문제, 재앙 등 가능성의 소재가 남아 있는 주제로 바뀌어 가고 있다.

## 3. 디지털리즘과 아날로그

일반적으로 사람들은 전자제품을 구입할 때, 요즈음 디지털 제품을 선호해 가고 있다. 그런데 한편으로는 아직도 아날로그의 향취에 빠져서 아날로그를 고수하는 사람들도 있다. 그렇지만 디지털화는 계속 심화되고 있고, 우리의 생활은 점점 더 디지털기기들에 의존하게 되어 가고 있다. 그런데 문제는 디지털 제품들이 너무나 복잡하고 사용하기 어렵다는 것이다. 스마트폰이 나온 이후로 스마트 폰을 사용하려면 정말 사람이 스마트해야 한다는 말이 나올 정도이다.

그러나 또 이러한 디지털제품들은 사용하기 편하게 지속적으로 발전해 나아가고 있어서 머지않아 수많은 디지털기기들을 말 한마디로 부릴 수 있는 디지털시대로 발전해 나아갈 것이다. 그러면서 우리는 더욱더 디지털화에 의존하게 될 것이다.

여기서 과학철학자들은 걱정을 하게 된다. 인간이 기계에 계속 의존도가 높아져 가면서 인간이 스스로의 정체성을 상실해 가고, 디지털시스템의 부속 역할을 하게 될지도 모른다는 생각이다.

디지털리즘도, 과학도, 기술도 어느 것 하나 나쁜 것은 없다. 다만, 문제는 우리들의 그것들에 대한 사용법에 있다. 우리가 사용을 잘못하면 재앙이 될 수 있고, 예를 들어 하늘을 날려고 만들어진 기술은 훌륭한 기술이지만, 원자폭탄을 떨어뜨리는 기술로 사용되었다는 역사적 사실을 알고 있다.

그러므로 인간의 기계에 대한 의존도 문제는 사용법의 문제에 인류의 향방이 달려 있다고 볼 수 있다.


## 사이버 공간

사이버 공간은 물리적 공간은 아니지만, 분명 개념상의 공간이다. 우리가 디지털리즘 속에서 생활하면서 적거나 많게나 사이버 공간을 이용하고 운영하고 살고 있다. 사이버 공간의 사용에서도 하드웨어적 문제보다도 우리의 매뉴얼(사용법)이 우리 미래의 향방을 좌우할 것이다.


## 사이버 윤리, 익명성

사이버 윤리는 서양세계에서 현재 가장 활발히 논의되는 인문학계의 한 분야이다. 주요 주제는 익명성이냐 프라이버시냐 사이의 공방이다. 서양이 이토록 사이버 윤리에 집중하듯 우리도 사이버 윤리 분야에 대하여 보다 더 관심을 쏟아야 할 것이다. 동양이든 서양이든 사이버 윤리상에서 논쟁은 현재까지는 문제점을 찾아내는 과정에 이르러 있다. 그러나 그 어떤 문제점에 대한 해답은 아직도 없는 상황이다. 문제점을 찾아내고 지속적으로 논의해 보면 개선점이 찾아질 것이다.

## 4. 미래는 현실에서 시작된다

미래는 현실에서 시작된다. 지금보다 문화도 발전할 것이고, 과학문명도 발전할 것이다. 이런 국면에서 볼 때 미래의 우리는 더 많은 기술문명 속에서 살게 될 것이다. 기술문명을 인간이 잘 운영하는 것에 따라 우리의 향방이 바뀌어 나아갈 것이다. 기술문명 속에 파묻혀 산다는 것이 너무 삭막하게 보일지 모르겠으나, 미래의 우리는 그런 것에 적응하고 편안하고 자유롭게 살아가게 될 것이다. 이 모두는 현재부터 과학문명에 대한 우리의 정체성을 확립하는 것이 관건으로 보인다.

김정일 ─────────────────────────────────────

미국 캔자스대학교 철학과를 졸업하고, 캘리포니아 주립대학원 철학 석사학위
를 받았다. 동국대학교에서 동·서 비교철학으로 철학박사학위를 취득하였다.
강원대학교, 동국대학교, 한국외국어대학교 출강 및 중국 섬서사범대학교 연구
교수를 역임하고, 현재 중천철학재단 대표로 있다.

「동양의 음양생식론과 현대 생명공학의 비교 검토」
「장자의 일원론적 인식론」
「Dewey's and Chuang Tzu's epistemology of 'oneness'」
　외 다수

김정일박사의

# 돈키호테 철학

초 판 발 행 | 2010년 9월 16일
중　　　쇄 | 2012년 12월 1일

지 은 이 | 김정일
펴 낸 이 | 채종준
펴 낸 곳 | 한국학술정보㈜
주　　　소 | 경기도 파주시 교하읍 문발리 파주출판문화정보산업단지 513-5
전　　　화 | 031) 908-3181(대표)
팩　　　스 | 031) 908-3189
홈 페 이 지 | http://ebook.kstudy.com
E-mail | 출판사업부　publish@kstudy.com
등　　　록 | 제일산-115호(2000. 6. 19)

ISBN　　978-89-268-1500-7 03170 (Paper Book)
　　　　　978-89-268-1501-4 08170 (e-Book)

이담 Books 는 한국학술정보(주)의 지식실용서 브랜드입니다.

이 책은 한국학술정보(주)와 저작자의 지적 재산으로서 무단 전재와 복제를 금합니다.
책에 대한 더 나은 생각, 끊임없는 고민, 독자를 생각하는 마음으로 보다 좋은 책을 만들어갑니다.